MARK B.

PYTHON PERFORMANCETUNING

TRICKS & TECHNIKEN UM SCHNELLEREN
PYTHON CODE ZU SCHREIBEN

IMPRESSUM

Bibliografische Information der Deutschen Nationalbibliothek:
Die Deutsche Nationalbibliothek verzeichnet diese Publikation in der
Deutschen Nationalbibliografie; detaillierte bibliografische Daten sind
im Internet über http://dnb.d-nb.de abrufbar.

Herstellung und Verlag:
BoD – Books on Demand, Norderstedt

ISBN:
978-3753473444

INHALTSVERZEICHNIS

WARUM ICH DIESES BUCH GESCHRIEBEN HABE

Ich höre immer wieder, dass Python sehr langsam ist und daher will ich Ihnen Wege aufzeigen, dies in einem bestimmten Rahmen zu ändern. Python muss nicht so langsam sein, wie viele behaupten, denn sonst würde es auch nicht so häufig für Data Science und maschinelles Lernen verwendet werden...

Python wurde vor allem als Sprache entwickelt, die leicht zu erlernen sein sollte. Außerdem ermöglicht es Python mit relativ wenig Code sehr schnell und einfach Programme zu schreiben und nimmt dabei dem Entwickler in vielen Fällen Dinge wie Typenkonvertierung, Speicherverwaltung, etc. ab. Aber diese Hintergrundprozesse machen Python tatsächlich zu einer relativ langsamen Sprache.

Nur ist das heutzutage für viele Aufgaben kein Problem. Man wird schwerlich einem Kunden den vielfachen Aufwand der Entwicklung eines Programms mit C oder C++ mit der Begründung verkaufen können, dass der PDF-Export beim Erstellen einer Rechnung nur 0,02 Sekunden statt 0,4 Sekunden dauert!

Dennoch werden wir sehen, dass es durchaus einfache Alternativen für diverse Situationen gibt, mit denen man sehr viel Zeit sparen kann! Python hat den Ruf als sehr langsame Sprache zu einem großen Teil auch darum, weil viele Python-Programmierer sich gar nicht mit den Abläufen im Hintergrund beschäftigen und daher auch gar nicht verstehen, was im Hintergrund vor sich geht. Darum verstehen diese Entwickler natürlich nicht, woran es liegt, dass ein Programm entsprechend langsam läuft.

Genau das wollte ich mit diesem Buch genauer beleuchten und unter dem Aspekt der Performance betrachten. Auch wenn Python nicht die performanteste Sprache ist, sorgen doch sehr viele Entwickler durch den suboptimalen Einsatz bestimmter Datentypen, Module oder anderer Sprachkomponenten dafür, dass Programme deutlich langsamer laufen, als sie es eigentlich könnten.

An wen richtet sich dieses Buch

Ich gehe in diesem Buch nicht auf die grundlegenden Konzepte der Programmierung oder der Sprache Python ein. Es gibt daher weder eine Einführung in die Computerprogrammierung an sich noch in die Programmiersprache Python.

Sie sollten also bereits über Programmiererfahrung verfügen und Python Code lesen können oder zumindest wissen, wie man Dinge in der Dokumentation oder im Internet recherchiert. Selbst wenn Sie Programmiererfahrung in einer anderen Sprache haben, sollten Sie mit etwas Hilfe der Dokumentation ohne Probleme klarkommen.

Das Buch richtet sich also keinesfalls an völlige Neueinsteiger und blutige Anfänger. Diesen würde ich eher zu folgenden Büchern raten:

- Programmieren lernen mit Python 3 (ISBN 978-3746091297)
- Hacken mit Python und Kali-Linux (ISBN 978-3748165811)

Das hier Gelernte ist aber nicht ausschließlich auf Python anzuwenden, denn die hier vorgestellten Techniken und Datentypen sind auch in sehr vielen anderen Programmiersprachen zu finden!

DATENTYPEN

Datentypen sind wichtig, damit klargestellt wird, wie der belegte Speicher im RAM zu interpretieren ist. In Python muss der Entwickler beim Anlegen einer Variable nicht festlegen, welchen Datentyp und welchen Speicherbedarf und Wertebereich diese hat, so wie es zB in C oder C++ nötig wäre.

Python kümmert sich im Hintergrund darum, dass eine Variable (in Python ist das eigentlich ein Objekt) bei Bedarf mehr Speicher benutzt, um einen größeren Wertebereich abzudecken. Diese Konvertierung passiert im Hintergrund automatisch ohne jegliches zutun des Entwicklers. Das ist nicht nur komfortabel, sondern sorgt auch für kürzeren und aufgeräumten Code und verhindert so manchen schwer zu findenden Fehler.

Auf der anderen Seite führt es dazu, dass sich viele Entwickler kaum Gedanken über die Verwendung eines Datentyps machen bzw. nicht über die Vor- und Nachteile bestimmter Datentypen nachdenken! Diese haben aber in vielen Fällen direkten Einfluss auf die Performance.

Vor allem beim Abgleichen von Werten mit Listen hat der Datentyp einen großen Einfluss auf die Performance. Dazu wollen wir uns als erstes Beispiel einen Passwortknacker ansehen, da diese Tools normalerweise sehr viele Werte mit sehr langen Listen abgleichen müssen.

Bevor wir loslegen, benötigen wir eine Liste mit Hash-Werten zum knacken und eine Wortliste, mit dessen Hilfe wir dies tun werden.

Dazu rufen Sie `https://sourceforge.net/projects/csvhashcracksuite/files/` auf und laden die Datei `CSVHashCrackSuite.zip` herunter. Wenn Sie diese entpacken, finden Sie neben anderen die Datei `hashes.txt`.

Öffnen Sie `https://github.com/praetorian-inc/Hob0Rules/tree/master/wordlists` auf und laden dann die Datei `rockyou.txt.gz` heruntern. Nach dem Entpacken haben Sie eine 139MB große Textdatei mit über 14 Millionen Passwörtern.

Bevor wir den Passwortknacker schreiben, wollen wir uns einen häufigen Fehler ansehen:

```
import time

# List
start_time = time.time()
hashes = []
```

```python
with open("hashes.txt", "r") as f:
    for h in f:
        if h not in hashes:
            hashes.append(h.rstrip())

time_passed = time.time() - start_time
print(f"{time_passed} sec. to load and filter the hashes into a list")


# Set
start_time = time.time()
hashes = set()
with open("hashes.txt", "r") as f:
    for h in f:
        hashes.add(h.rstrip())

time_passed = time.time() - start_time
print(f"{time_passed} sec. to load and filter the hashes into a set")


# Bulk loading and converting
start_time = time.time()
with open("hashes.txt", "r") as f:
    hashes = set(f.read().split("\n"))

time_passed = time.time() - start_time
print(f"{time_passed} sec. to load all hashes and convert it in a set")
```

Der Code sollte an dieser Stelle selbsterklärend sein, also sehen wir uns die benötigten Zeiten an:

```
3.4978320598602295 sec. to load and filter the hashes into a list
0.0129940509796143 sec. to load and filter the hashes into a set
0.0080491863250732 sec. to load all hashes and convert it in a set
```

Oftmals versuchen Entwickler etwas nachzubauen, das bereits existiert. Dies ist meist auf schlechte oder fehlende Recherche zurückzuführen. Hier war die zugrunde gelegte Annahme, dass bei über 17.000 Passwort-Hashes der ein- oder andere User das gleiche Passwort benutzt und damit der gleiche Hash mehrfach in der Datei vorkommt.

Nun macht es wenig Sinn, den gleichen Hash mehrfach zu knacken also kann man die Liste entsprechend verkürzen, indem man prüft, ob ein Passworthash bereits in der Liste vorkommt.

Dazu ist der Datentyp `set` besser geeignet, denn dieser fasst mehrfache Einträge zu einem zusammen. Bei Verwendung einer Python-Liste können wir dies mit `if h not in hashes` nachstellen. Dies ist nicht besonders performant, wie man sieht. Das ist auch durchaus nachvollziehbar, denn wir durchsuchen die Liste zig tausendmal nach einem Eintrag.

Aber auch das zeilenweise Abarbeiten der Datei ist nicht die schnellste Variante wie man hier gut sehen kann, verkürzt das Laden der ganzen Daten in einem Rutsch und das anschließende Trennen anhand der Zeilenschaltungen mit `.split("\n")` die Ausführungszeit um ca. 40%.

Eine Option, dies aufzuspüren, ist sogenanntes Profiling. Dazu können wir die Datei wie folgt umbauen:

```python
import time
import cProfile, pstats, io
from pstats import SortKey
pr = cProfile.Profile()
pr.enable()


# List
start_time = time.time()
hashes = []
with open("hashes.txt", "r") as f:
    for h in f:
        h = h.rstrip()
        if h not in hashes:
            hashes.append(h)

time_passed = time.time() - start_time
print(f"{time_passed} sec. to load the hashes ")



# Set
start_time = time.time()
hashes = set()
```

```
with open("hashes.txt", "r") as f:
    for h in f:
        hashes.add(h.rstrip())

time_passed = time.time() - start_time
print(f"{time_passed} sec. to load the hashes ")


# Bulk loading and converting
start_time = time.time()
with open("hashes.txt", "r") as f:
    hashes = f.read().split("\n")

hashes = set(hashes)
time_passed = time.time() - start_time
print(f"{time_passed} sec. to load the hashes ")

pr.disable()
s = io.StringIO()
ps = pstats.Stats(pr, stream=s).sort_stats(SortKey.CUMULATIVE)
ps.print_stats()
print(s.getvalue())
```

Hierbei wurden die Fett markierten Zeilen ergänzt.

Die durch das Profiling erzeugten Daten sprechen aber eine ganz andere Sprache:

```
69586 function calls in 0.079 seconds

Ordered by: cumulative time

ncalls  tottime  percall  cumtime  percall  filename:lineno(function)
     3    0.000    0.000    0.078    0.026  {built-in method builtins.print}
     6    0.000    0.000    0.078    0.013  C:\Users\mark.b\AppData\Local\Programs\Python\Python38\lib\idlelib\run.py:441(write)
     7    0.000    0.000    0.078    0.011  C:\Users\mark.b\AppData\Local\Programs\Python\Python38\lib\idlelib\rpc.py:216(remotecall)
     7    0.000    0.000    0.077    0.011  C:\Users\mark.b\AppData\Local\Programs\Python\Python38\lib\idlelib\rpc.py:246(asyncreturn)
     7    0.000    0.000    0.076    0.011  C:\Users\mark.b\AppData\Local\Programs\Python\Python38\lib\idlelib\rpc.py:290(getresponse)
     7    0.000    0.000    0.076    0.011  C:\Users\mark.b\AppData\Local\Programs\Python\Python38\lib\idlelib\rpc.py:306(_getresponse)
     7    0.000    0.000    0.076    0.011  C:\Users\mark.b\AppData\Local\Programs\Python\Python38\lib\threading.py:270(wait)
    14    0.076    0.005    0.076    0.005  {method 'acquire' of '_thread.lock' objects}
     6    0.000    0.000    0.047    0.008  C:\Users\mark.b\AppData\Local\Programs\Python\Python38\lib\idlelib\rpc.py:559(__getattr__)
     1    0.000    0.000    0.047    0.047  C:\Users\mark.b\AppData\Local\Programs\Python\Python38\lib\idlelib\rpc.py:577(__getmethods)
     3    0.037    0.012    0.037    0.012  {built-in method io.open}
     6    0.000    0.000    0.031    0.005  C:\Users\mark.b\AppData\Local\Programs\Python\Python38\lib\idlelib\rpc.py:606(__call__)
 34454    0.009    0.000    0.009    0.000  {method 'rstrip' of 'str' objects}
 17227    0.008    0.000    0.008    0.000  {method 'add' of 'set' objects}
   143    0.000    0.000    0.007    0.000  C:\Users\mark.b\AppData\Local\Programs\Python\Python38\lib\encodings\cp1252.py:22(decode)
   143    0.006    0.000    0.006    0.000  {built-in method _codecs.charmap_decode}
 14131    0.003    0.000    0.003    0.000  {method 'append' of 'list' objects}
     1    0.001    0.001    0.003    0.003  {method 'read' of '_io.TextIOWrapper' objects}
     1    0.003    0.003    0.003    0.003  {method 'split' of 'str' objects}
     7    0.000    0.000    0.001    0.000  C:\Users\mark.b\AppData\Local\Programs\Python\Python38\lib\idlelib\rpc.py:226(asynccall)
     7    0.001    0.000    0.001    0.000  C:\Users\mark.b\AppData\Local\Programs\Python\Python38\lib\idlelib\rpc.py:332(putmessage)
     7    0.000    0.000    0.001    0.000  {method 'send' of '_socket.socket' objects}
     7    0.000    0.000    0.000    0.000  C:\Users\mark.b\AppData\Local\Programs\Python\Python38\lib\idlelib\rpc.py:57(dumps)
     7    0.000    0.000    0.000    0.000  {built-in method select.select}
     7    0.000    0.000    0.000    0.000  C:\Users\mark.b\AppData\Local\Programs\Python\Python38\lib\threading.py:222(__init__)
```

ncalls	tottime	percall	cumtime	percall	filename:lineno(function)
7	0.000	0.000	0.000	0.000	{method 'dump' of '_pickle.Pickler' objects}
7	0.000	0.000	0.000	0.000	C:\Users\mark.b\AppData\Local\Programs\Python\Python38\lib\threading.py:81(RLock)
3	0.000	0.000	0.000	0.000	C:\Users\mark.b\AppData\Local\Programs\Python\Python38\lib_bootlocale.py:11(getpreferredencoding)
7	0.000	0.000	0.000	0.000	{method '_acquire_restore' of '_thread.RLock' objects}
7	0.000	0.000	0.000	0.000	{built-in method _thread.allocate_lock}
14	0.000	0.000	0.000	0.000	C:\Users\mark.b\AppData\Local\Programs\Python\Python38\lib\threading.py:1306(current_thread)
7	0.000	0.000	0.000	0.000	C:\Users\mark.b\AppData\Local\Programs\Python\Python38\lib\idlelib\rpc.py:298(_proxify)
3	0.000	0.000	0.000	0.000	{built-in method _locale._getdefaultlocale}
49	0.000	0.000	0.000	0.000	C:\Users\mark.b\AppData\Local\Programs\Python\Python38\lib\idlelib\rpc.py:153(debug)
7	0.000	0.000	0.000	0.000	{method '_release_save' of '_thread.RLock' objects}
7	0.000	0.000	0.000	0.000	{method '_is_owned' of '_thread.RLock' objects}
6	0.000	0.000	0.000	0.000	{built-in method time.time}
7	0.000	0.000	0.000	0.000	{built-in method _struct.pack}
7	0.000	0.000	0.000	0.000	{method 'acquire' of '_thread.RLock' objects}
14	0.000	0.000	0.000	0.000	{built-in method builtins.isinstance}
6	0.000	0.000	0.000	0.000	C:\Users\mark.b\AppData\Local\Programs\Python\Python38\lib\idlelib\rpc.py:601(__init__)
7	0.000	0.000	0.000	0.000	C:\Users\mark.b\AppData\Local\Programs\Python\Python38\lib\idlelib\rpc.py:328(newseq)
6	0.000	0.000	0.000	0.000	{method 'encode' of 'str' objects}
21	0.000	0.000	0.000	0.000	{built-in method builtins.len}
3	0.000	0.000	0.000	0.000	C:\Users\mark.b\AppData\Local\Programs\Python\Python38\lib\codecs.py:260(__init__)
14	0.000	0.000	0.000	0.000	{built-in method _thread.get_ident}
12	0.000	0.000	0.000	0.000	C:\Users\mark.b\AppData\Local\Programs\Python\Python38\lib\idlelib\run.py:420(encoding)
6	0.000	0.000	0.000	0.000	{method 'get' of 'dict' objects}
7	0.000	0.000	0.000	0.000	{method 'release' of '_thread.RLock' objects}
6	0.000	0.000	0.000	0.000	{method 'decode' of 'bytes' objects}
12	0.000	0.000	0.000	0.000	C:\Users\mark.b\AppData\Local\Programs\Python\Python38\lib\idlelib\run.py:424(decoderesponse)
7	0.000	0.000	0.000	0.000	C:\Users\mark.b\AppData\Local\Programs\Python\Python38\lib\idlelib\rpc.py:252(errors)
7	0.000	0.000	0.000	0.000	{method 'append' of 'collections.deque' objects}
7	0.000	0.000	0.000	0.000	{method 'getvalue' of '_io.BytesIO' objects}
1	0.000	0.000	0.000	0.000	{method 'disable' of '_lsprof.Profiler' objects}

Mit Profiling werden wir später noch mehr arbeiten, aber an dieser Stelle haben wir eine hervorragende Gelegenheit, einen Fall zu sehen, in dem Profiling versagt bzw. in dem wir dadurch auf die falsche Fährte geführt werden. Dazu habe ich die oberste Zeile sowie die zwei zuvor fett markierten Zeilen nochmals abgedruckt:

```
ncalls  tottime  percall  cumtime  percall  filename:lineno(function)
     3    0.000    0.000    0.078    0.026  {built-in method builtins.print}
 17227    0.008    0.000    0.008    0.000  {method 'add' of 'set' objects}
 14131    0.003    0.000    0.003    0.000  {method 'append' of 'list' objects}
```

Wenn Sie mehr über Profiling wissen wollen, dann lege ich ihnen das Studium der entsprechenden Dokumentation ans Herz: https://docs.python.org/3/library/profile.html

Kurz gesagt wird uns hier eine Liste generiert, die nach der Gesamtzeit (cumtime) sortiert wird, anhand der wir ersehen können, welche Funktion wie viel Zeit in unserem Programm verbraucht. Das ist bei längeren Programmen wichtig, um zielgerichtet zu Optimieren und nicht Zeit auf Funktionen und Methoden zu verschwenden, die kaum zur Laufzeit beitragen.

Dies ist schneller, als sich die O-Notation jeder Funktion und Methode von Hand anzusehen. Diese sogenannten Landau-Symbole werden wir uns in einem späteren Kapitel genauer ansehen.

Basierend auf den Profiling-Daten ist die zeitraubendste Aufgabe in dem Programm das Ausgeben der drei print-Anweisungen und das Hinzufügen der Einträge zu der Liste mit .append() ist mehr als doppelt so schnell wie das Hinzufügen der Einträge zu dem Set mit .add().

Die Spalten stehen hierbei für Folgendes:

ncalls .... Anzahl der Aufrufe
tottime ... Komplette Zeit in dieser Funktion ohne die Aufrufe weiterer Funktionen
percall ... Zeit für einen einzelnen Funktionsaufruf (tottime / ncalls)
cumtime ... Komplette Zeit in dieser Funktion inklusive der Aufrufe weiterer Funktionen
percall ... Zeit für einen einzelnen Funktionsaufruf (cumtime / ncalls)

Wenn wir dies mit unserer einfachen Zeitmessung über time.time() vergleichen, macht dies absolut keinen Sinn. Hier ist also die Wahrheit zwischen den Zeilen zu finden!

Vergleicht man den Code, dann unterscheiden sich Liste und Set nur dadurch, dass bei der Liste die if-Abfrage zusätzlich eingebaut ist. Vergleichen wir dies mit den Profiling-Daten, dann sehen wir, dass darin weder die if-Anfrage noch der in-Operator gemessen werden.

Prüfen Sie Ihre Ergebnisse und Messungen bei der Performanceoptimierung immer mit unterschiedlichen Methoden, um solche Fehler zu vermeiden. Wenn Sie ein Programm optimieren, dass tausende Dateien so lädt und dann verarbeitet, können Sie Tage mit Optimierungen und Profiling verbringen und lassen dennoch eine sehr große Menge an Zeit liegen, wenn Sie die Daten nicht kritisch hinterfragen!

Nachdem wir nun die Performance beim Laden von Daten gesehen haben, wollen wir uns auch ansehen, wie sich die verschiedenen Datentypen bei der Verarbeitung schlagen:

```python
import time, codecs
from hashlib import md5

def crack_hashes():
    global hashes
    start_time = time.time()
    for i in range(10):
        cracked = 0
        ctr = 0
        with codecs.open("wordl.txt", "r", "utf-8", errors="ignore") as f:
            for candidate in f:
                ctr += 1
                if ctr > 100000:
                    break
                try:
                    cand_hash = md5(candidate.strip().encode("utf-8")).
hexdigest()
                except UnicodeDecodeError:
                    pass

                if cand_hash in hashes:
                    cracked += 1

    time_passed = time.time() - start_time
    print(f"{cracked} hashes cracked in {time_passed/10} sec. \n")


# Read hashes
with open("hashes.txt", "r") as f:
    hashes = f.read().split("\n")
```

```
print(f"{len(hashes)} hashes loaded for cracking\n")

# List
print(type(hashes))
crack_hashes()

# Tuple
hashes = tuple(hashes)
print(type(hashes))
crack_hashes()

# Set
hashes = set(hashes)
print(type(hashes))
crack_hashes()
```

Hierbei ist das Herzstück des Programms die Funktion `crack_hashes()` in der die einzelnen Hash-Werte mit der Bruteforce-Methode geknackt werden.

Für diejenigen, die sich mit Passwort-Cracking noch nicht beschäftigt haben, will ich die Idee dahinter kurz erklären. Da ein Passwort-Hash nicht zurückrechenbar ist, wird versucht, eine Liste von möglichen Passwörtern (`wordl.txt`) zu durchlaufen und jeden Eintrag (`candidate`) mit der gleichen Methode zu hashen.

Stimmt nun einer der Hashes der möglichen Passwörter (`cand_hash`) mit einem der zu knackenden Passwort-Hashes überein (`if cand_hash in hashes`), dann hat man ein Passwort geknackt.

Außerdem hab ich hier den Knack-Vorgang auf `100000` Einträge beschränkt (`if ctr > 100000: break`) und mit `for i in range(10)` die Verarbeitung 10 mal durchgeführt, um eventuelle Schwankungen der Ergebnisse auf Grund von Hintergrundaktivität zu eliminieren.

Mir ist durchaus bewusst, dass ich an dieser Stelle sehr lapidar mit Fehlern umgehe und auch nicht den bestmöglichen Code schreibe. Dies ist allerdings auch nicht das Ziel. Vielmehr will ich den von mir untersuchten Unterschied in der Performance bei einem bestimmten Fall bestmöglich herausarbeiten und störende Faktoren eliminieren.

Also sehen wir uns die Ergebnisse an:

```
py.exe -3.8 datentypen.py
17228 hashes loaded for cracking

<class 'list'>
2514 hashes cracked in 55.86083099842072 sec.

<class 'tuple'>
2514 hashes cracked in 53.14938611984253 sec.

<class 'set'>
2514 hashes cracked in 0.5238673210144043 sec.
```

Hier wird schnell klar, dass ein Tupel ca. 5% schneller ist. Dieser Unterschied war in älteren Python-Versionen deutlicher, fällt mittlerweile aber kaum noch ins Gewicht. Was bei der Betrachtung älterer Versionen auch auffällt, ist, dass das Set deutlich schneller wurde. So läuft der Code mit dem Set bei Python 3.6 und 3.7 um 30-40% langsamer.

Gravierend ist allerdings der Unterschied von einem Set zu der Liste und dem Tupel. Hierbei ist der Code ca. 100x so schnell. Wir sehen also, dass der passende Datentyp auch bei Python sehr großen Einfluss auf die Performance hat und auf keinen Fall vernachlässig werden kann.

Das Set hat allerdings zwei entscheidende Probleme - im Vergleich zu einer List sind die Index-Ziffern nicht mit der Zeilennummer ident und auch die Reihenfolge, in der die Elemente hinzugefügt werden, entspricht nicht der Reihenfolge in der Sie gespeichert werden:

```
>>> s = set()
>>> s.add("a")
>>> s.add("b")
>>> s.add("c")
>>> s
{'c', 'a', 'b'}
```

Das macht es schwerer, die geknackten Passwörter dann mit einer Liste der Klartext-Einträge abzugleichen und erfordert eine etwas andere Herangehensweise, die wir uns später ansehen werden.

Zuerst wollen wir uns zwei einfache Wege ansehen die Performance zu steigern, ohne den Code anzupassen.

QUICK UND DIRTY OPTIMIERUNGEN

Wir sehen schon, dass entsprechende Tests und Vergleiche nicht nur viel Zeit in Anspruch nehmen, sondern auch dazu führen, dass Teiles des Codes angepasst werden müssen.

Oftmals gibt es einen einfacheren Weg. Eine mögliche Option ist es, einen alternativen Python-Interpreter zu verwenden. Wenn es um gesteigerte Performance geht, ist Pypy eine sehr beliebte Alternative.

Den Interpreter können wir von `https://www.pypy.org/download.html` herunterladen.

Das Einzige, was wir nach der Installation zu tun haben, ist, das Python-Script mit Pypy zu starten:

`pypy3.exe datentypen.py`
```
17228 hashes loaded for cracking

<class 'list'>
2514 hashes cracked in 12.104448413848877 sec.

<class 'tuple'>
2514 hashes cracked in 19.691778206825255 sec.

<class 'set'>
2514 hashes cracked in 1.9208761930465699 sec.
```

Wir sehen schön, dass Pypy ganz anders optimiert ist. Das Set ist immer noch am schnellsten, aber benötigt hier fast 4x so lange wie bei Python 3.8. Die Liste ist besonders optimiert, da dies sicherlich der am häufigsten verwendete Datentyp ist. Mit Pypy sparen wir uns ca. 80% der Ausführungszeit. Beim Tupel kann man immerhin noch 65% der Ausführungszeit einsparen.

Das Problem bei Pypy ist allerdings, dass dieser Interpreter nicht mit allen Modulen klarkommt. Vielmehr ist man auf einige wenige ausgesuchte Module beschränkt und daher ist dies zwar eine sehr schnelle und einfache Lösung, aber nicht unbedingt eine Lösung, die für alle Programme umsetzbar ist!

Wer länger mit Python arbeitet und immer wieder mit Performanceoptimierung zu tun hat, der kann oftmals auf bekannte Werte zurückgreifen und die von uns Entwicklern heiß ersehnten neuen Features kommen auch oftmals mit einem gewissen Overhead, der sich auf die Performance auswirkt.

Sehen wir uns einmal an, wie gut Python 2.7 mit dem Programm klarkommt. Dazu müssen wir die f-Strings entfernen, indem wir die folgenden zwei Zeilen wie folgt abändern:

```
print(str(cracked) + " hashes cracked in " + str(time_passed/10) +
" sec. \n")

print(str(len(hashes)) + " hashes loaded for cracking\n")
```

Dann erhalten wir:

```
<type 'list'>
2514 hashes cracked in 33.7343000174 sec.

<type 'tuple'>
2514 hashes cracked in 33.8223999977 sec.

<type 'set'>
2514 hashes cracked in 0.7882999897 sec.
```

In Python 2.7 waren Listen beispielsweise deutlich schneller und Tupel de facto gleich schnell wie Listen, aber auch damals war ein Set schon 35-fach schneller als die beiden anderen Datentypen. Die Optimierung im Bezug auf den Datentyp ist also kein Prozess, der einmalig durchgeführt werden kann, sondern nur eine Momentaufnahme, die sich in der nächsten Version schon wieder ändern kann!

Natürlich ist ein technischer Rückschritt oder eine der anderen hier gezeigten Methoden nicht die beste Lösung, wenn es darum geht, ein Performance-Problem zu lösen. Außerdem kann es unter Umständen auch einigen Aufwand bedeuten, ein Programm für eine ältere Python-Version umzubauen und daher ist auch das nicht immer eine Option. Ich habe in meiner Karriere sehr viel für kleine und mittelständische Betriebe gearbeitet und in diesem Bereich ist es sehr oft so, dass man mit einem kleinen Projekt beginnt und das wächst dann, bis ein Performance-Problem auftritt, das dann zumeist eine sofortige Lösung benötigt.

Diesbezüglich fällt mir ein Kunde ein, der mit einem einfachen Import-Tool angefangen hat, der von einem Großhändler drei Warengruppen importiert und dieser lief in ca. 30 Minuten durch. Das war nicht besonders performant, aber zu diesem Zeitpunkt war das ja kein Problem. Später wurde entschieden, dass dank dem Import-Script der Webshop sehr einfach erweitert werden konnte und so kamen schnell 6 weitere Warengruppen dazu und schon waren wir bei über 1 Stunde Laufzeit.

Dann gab es weitere Großhändler, die der Einkauf überzeugen konnte, Daten im CSV-Format zu liefern und schon musste auch noch ein Preisvergleich stattfinden.

Da das Format festgelegt war, das die Großhändler zur Verfügung stellen mussten und die Artikel anhand der einheitlichen EAN verglichen wurden, konnten die Mitarbeiter des Kunden dann weitere Großhändler und Warengruppen selbst definieren und so wuchs die Datenmenge derart an, dass wir nach einiger Zeit bei über 14 Stunden Laufzeit endeten.

Dabei fiel das Problem erst in dem Moment auf, als sich ein Kunde beschwerte, dass die Preise auf der Auftragsbestätigung nicht mit denen übereinstimmten, die er online gesehen hatte. Das war bei dieser Laufzeit auch völlig klar, da der Import der Preise in den Webshop von 22.00 bis 12:00 mittags am nächsten Tag lief.

Die Fakturierungs- und Lagerwirtschafts-Software zog aber Ihrerseits um 6:00 früh die Preise vom Webshop. Was also als kleiner Import-Tool mit 30 Minuten Laufzeit begann und 7,5h Zeitpuffer hatte, wuchs dann auf ein Script an, dass 2 - 2,5 Stunden lief, aber immer noch beinahe 6 Stunden Zeitpuffer hatte.

Da man nun aber ein Instrument hatte, mit dem man das Sortiment schnell erweitern konnte und das ohne großen Aufwand wurde alles daran gesetzt, dies auch zu nutzen und am Ende wurden Daten aus der Webseite in ein Programm eines anderen Anbieters synchronisiert, obwohl der Import erst zum Teil fertig war.

In dem Moment, in dem dies dann auffällt, wird sofort eine Lösung benötigt und meist steckt man als freier Entwickler dann in einem ganz anderen Projekt. Genau in solchen Situationen kann man sich durch diverse schnelle Lösungen dann die Zeit erkaufen, die man benötigt, um eine entsprechend gründliche und vor allem ausführlich getestete Optimierung durchzuführen.

Wer in diesen Situationen unbedacht handelt oder verzweifelt darauf los optimiert, hat eigentlich schon verloren!

Eine weitere Option, die keinen so großen Zeitgewinn bringt, aber dennoch oftmals recht praktisch ist, ist das Kompilieren von Python. Ja, ich habe Kompilieren gesagt!

Das bringt nicht nur Vorteile bei der Weitergabe von Code, sondern auch ein paar Prozent mehr Performance. Hierbei gibt es einige Tools, die Python-Code zusammen mit den benötigten Modulen und dem Interpreter in ein Stand-alone lauffähiges Paket packen.

Ich habe als Beispiel Nuitka (https://nuitka.net/pages/download.html) gewählt. Sie können sich aber gern auch Cx_Freeze, Py2Exe und diverse andere Tools ansehen!

Übersetzen können wir den Programmcode dann wie folgt:

py.exe -3.8 -m nuitka --standalone --follow-imports datentypen.py
```
Nuitka:INFO: Starting Python compilation.
Nuitka:INFO: Completed Python level compilation and optimization.
Nuitka:INFO: Generating source code for C backend compiler.
Nuitka:INFO: Running data composer tool for optimal constant value handling.
Nuitka:INFO: Running C level backend compilation via Scons.
Nuitka will use gcc from MinGW64 of winlibs to compile on Windows.

Is it OK to download and put it in "C:\Users\mark.b\AppData\Local\Nuitka\Nuitka\gcc\
x86_64\10.2.0-11.0.0-8.0.0-r5".

No installer needed, cached, one time question.

Proceed and download? [Yes]/No
```
Yes
```
Nuitka:INFO: Downloading 'https://github.com/brechtsanders/winlibs_mingw/releases/
download/10.2.0-11.0.0-8.0.0-r5/winlibs-x86_64-posix-seh-gcc-10.2.0-llvm-11.0.0-
mingw-w64-8.0.0-r5.zip'.
Nuitka:INFO: Extracting to 'C:\Users\mark.b\AppData\Local\Nuitka\Nuitka\gcc\
x86_64\10.2.0-11.0.0-8.0.0-r5\mingw64\bin\gcc.exe'
Nuitka-Scons:INFO: Backend C compiler: C:\Users\mark.b\AppData\Local\Nuitka\Nuitka\
gcc\x86_64\10.2.0-11.0.0-8.0.0-r5\mingw64\bin\gcc.exe (gcc.exe).
Nuitka will make use of ccache to speed up repeated compilation.

Is it OK to download and put it in "C:\Users\mark.b\AppData\Local\Nuitka\Nuitka\cca-
che\v3.7.12".

No installer needed, cached, one time question.

Proceed and download? [Yes]/No
```
yes
```
Nuitka:INFO: Downloading 'https://github.com/ccache/ccache/releases/download/
v3.7.12/ccache-3.7.12-windows-32.zip'.
Nuitka:INFO: Extracting to 'C:\Users\mark.b\AppData\Local\Nuitka\Nuitka\ccache\
```

```
v3.7.12\ccache.exe'
Nuitka-Scons:INFO: Compiled 11 C files using ccache.
Nuitka-Scons:INFO: Cached C files (using ccache) with result 'cache miss': 11
Nuitka:INFO: Keeping build directory 'datentypen.build'.
Nuitka:INFO: Successfully created 'datentypen.exe'.
```

Und danach lässt sich die zuvor erstellte EXE-Datei starten:

cd datentypen.dist
datentypen.exe
```
17228 hashes loaded for cracking

<class 'list'>
2514 hashes cracked in 50.66381711959839 sec.

<class 'tuple'>
2514 hashes cracked in 48.4299277305603 sec.

<class 'set'>
2514 hashes cracked in 0.5410682439804078 sec.
```

Die zuvor gemessenen 55 bzw. 53 Sekunden mit Python 3.8 konnten immerhin auf 50 bzw. 48 Sekunden gedrückt werden. Das sind in diesem Fall ca. 10%, kann sich aber je nach Programm ändern, wie man in diesem Beispiel sieht:

```
import time

num_elems = 100000000

start_time = time.time()
total = 0
for i in range(num_elems):
    total += i+1
time_passed = time.time() - start_time
print(f"Summary calculation took {time_passed} sec.")
```

Dies liefert:

```
py.exe sum.py
```
Summary calculation took 25.58441400527954 sec.

Und nach dem Übersetzen erhalten wir:

```
py.exe -3.8 -m nuitka --standalone --follow-imports sum.py
cd sum.dist
sum.exe
```
Summary calculation took 17.541857719421387 sec.

Das sind nur noch ca. 68,5% der Ausführungszeit!

Zu guter Letzt will ich noch die "Money-Method" erwähnen. Durch Aufrüsten der Hardware kann man in einigen Fällen eine schnellere Abarbeitung erreichen. So kann eine schnelle SSD den Flaschenhals, der durch eine langsamere HDD erzeugt wird, etwas weiten und ein stärkerer Prozessor kann die Laufzeit entsprechend verringern. Beispielsweise liefert mein **AMD Ryzen 2700** im Vergleich zu den zuvor verwendeten **Intel Xeon X5550** deutlich kürzere Ausführungszeiten:

```
17228 hashes loaded for cracking

<class 'list'>
2514 hashes cracked in 16.109089374542236 sec.

<class 'tuple'>
2514 hashes cracked in 16.084169387817383 sec.

<class 'set'>
2514 hashes cracked in 0.2258392572402954 sec.
```

PARALLELISIERUNG

Moderne Prozessoren bieten immer mehr Kerne und erlauben es, Aufgaben zu teilen und parallel abzuarbeiten. Hier wären in Python unter anderen die Module `threading` und `multiprocessing` zu nennen.

Basis für diese Demonstration ist wieder unser Passwort-Knacker:

```python
import time, codecs
from hashlib import md5
from multiprocessing import Pool
from functools import partial


def crack_hashes(candidate, hashes):
    cracked = 0

    try:
        cand_hash = md5(candidate.strip().encode("utf-8")).hexdigest()
    except UnicodeDecodeError:
        pass
    if cand_hash in hashes:
        cracked += 1

    return cracked


if __name__ == "__main__":
    # Read hashes
    with open("hashes.txt", "r") as f:
        hashes = f.read().split("\n")
    print(f"{len(hashes)} hashes loaded for cracking")


    # Read passwords
    with codecs.open("rockyou.txt", "r", "utf-8", errors="ignore") as f:
        wordlist = f.read().split("\n")
    print(f"{len(wordlist)} passwords loaded for cracking\n")
```

```python
# Convert to set
hashes = set(hashes)
print(type(hashes))


# Processing in the main thread
start_time = time.time()
cracked = 0
for pw in wordlist:
    cracked += crack_hashes(pw, hashes)
time_passed = time.time() - start_time
print(f"{cracked} hashes cracked in {time_passed} sec. \n")


# Parallel processing
start_time = time.time()
chunksize = 2
workers = 4
with Pool(processes = workers) as pool:
    result = pool.map(partial(crack_hashes, hashes=hashes), wordlist)

    time_passed = time.time() - start_time
    print(f"{sum(result)} hashes cracked in {time_passed} sec with {workers}
processes. \n")
```

Diesmal habe ich die Funktion crack_hashes etwas angepasst, so das diese nur jeweils einen Hash berechnet und diesen mit der hashes-Liste abgleicht. Dies ist der Art und Weise geschuldet, wie pool.map(...) arbeitet.

Außerdem musste ich sauber mit if __name__ == "__main__" prüfen ob wir uns im Hauptprogramm befinden oder nicht, da sonst das ganze Script für jeden Thread erneut ausgeführt wird.

Dies ist wichtig, da sonst kein sicherer Import des main-Moduls möglich ist und multiprocessing dann alle möglichen Seiteneffekte produzieren kann.

Beim Ausführen des Programms erhalten wir folgende Ausgaben:

```
17228 hashes loaded for cracking
14344392 passwords loaded for cracking
```

```
<class 'set'>
6479 hashes cracked in 47.99097275733948 sec.

6479 hashes cracked in 10.098373651504517 sec with 8 processes.
```

Hier konnten wir die benötigte Zeit auf ca. 21% der zuvor benötigten Zeit drücken. Rechnerisch sollten es eher 12,5% sein, aber die parallele Abarbeitung hat auch etwas an Overhead.

Außerdem hängt es auch davon ab, was das Programm macht und womit das Programm arbeitet. Werden zB Daten in einer Datenbank abgelegt, dann kann diese der Flaschenhals werden, wenn dann alle Prozesse oder Threads auf der gleichen Tabelle arbeiten und immer darauf warten müssen, dass ein anderer die Daten fertig geschrieben hat und den Schreibschutz auf der Tabelle wieder entfernt.

Der Unterschied hierbei ist, dass Threads den gleichen Speicherbereich verwenden und Prozesse jeweils einen eigenen Speicherbereich haben. Damit wird es etwas schwerer, Daten zwischen Prozessen auszutauschen, aber dies weiter zu vertiefen führt an dieser Stelle etwas zu weit.

Wie Sie sehen, hängt es also sehr von der jeweiligen Anwendung ab, ob eine parallele Abarbeitung überhaupt möglich ist und wie effizient diese die Ausführung beschleunigt. Außerdem kann es einem gewissen Aufwand bedeuten, ein Programm dafür umzuschreiben.

Wann immer dies technisch möglich ist, ist dieser Ansatz sicher eine gute Option, ein Programm auf moderner Hardware schneller laufen zu lassen.

EXPURS - O-NOTATION

Die sogenannten Landau-Symbole werden auch O-Notation genannt und beschreiben verein-facht gesagt in der Informatik die Laufzeit bzw. die Dauer der Abarbeitung einer Funktion oder von Programmteilen und ganzen Programmen.

Im Grunde ist dies ganz einfach - sehen wir uns dazu folgendes Programm an:

```
print("Das kleine Einmaleins:")                    # O(1)
for n1 in range(1, 11):                             # O(n)
    for n2 in range(1, 11):                         # O(n)
        print(f"{n2:2d} mal {n1:2d} = {n1*n2:3d}")  # O(1)
```

Jetzt können wir folgende Aussagen treffen:

Eine print-Ausgabe dauert immer gleich lange, egal wie viele Daten wir verarbeiten und ist daher "O von 1", geschrieben O(1)! Hierbei gilt das sowohl für die Ausgabe der Überschrift als auch für die Ausgabe der einzelnen Ergebniszeilen.

Natürlich wird das Ausgeben von reinem Text schneller gehen als das Ausgeben von Text, in dem erst drei Werte eingefügt und formatiert werden müssen, vor allem wenn einer davon noch er-rechnet werden muss und das ist völlig richtig. Dennoch dauert das Einfügen der Werte und die Multiplikation immer gleich lang, egal wie viele Werte wir verarbeiten. Daher hat print eine kon-stante Laufzeit unabhängig von der verarbeiteten Datenmenge.

Sie sehen also es geht um eine grobe Verallgemeinerung und nicht um exakte Zeitmessung!

Die zwei Schleifen dauern länger in Abhängigkeit der Datenmenge - hierbei kann man eine lineare Abhängigkeit unterstellen. Einfach ausgedrückt wird die Schleife ca. doppelt so lange brauchen, um doppelt so viele Daten zu durchlaufen. Darum spricht man hier von "O von n" bzw. O(n).

Damit haben wir eine Laufzeit von: O(1 + (n * (n * 1)))

Dies kann man vereinfachen, denn wie in der Mathematik können wir ein * 1 kürzen und erhalten somit: O(1 + (n * n))

Außerdem können wir n * n zu n^2 kürzen - also bleibt: O(1+n^2)

Jetzt können wir weiters sagen, dass die eine Ausgabe der einen Überschrift immer unwichtiger wird, umso mehr Daten (n) wir verarbeiten. Denn je größer n wird, umso weniger der Gesamtlaufzeit entfällt auf diese eine Ausgabe. Damit können wir dies auch wieder kürzen und erhalten:

$O(n^2)$

Und selbst das könnte man theoretisch wieder auf $O(n)$ kürzen, um dann die kompliziertest mögliche Herleitung von "je mehr Daten wir verarbeiten, umso länger dauert es" zu erhalten.

Warum also das Ganze? Die Antwort finden wir in der Dokumentation unter:

`https://wiki.python.org/moin/TimeComplexity`

Hier sehen wir zB im Abschnitt über Listen, dass ein `.append()` ein $O(1)$ und ein `.insert()` ein $O(n)$ hat. Diese Informationen können wir nun nutzen, um Methoden und Funktionen zu identifizieren, die schneller und effizienter arbeiten als andere.

Hierbei gibt es dann noch ein $O(k)$, wobei hier k für die verarbeiteten Datensätze steht. Was zB bei einem "Get Slice" perfekt Sinn ergibt, denn dies besangt einfach, wenn wir 10 Elemente kopieren, dann dauert das Kopieren so lange, wie es benötigt, um 10 Elemente zu verarbeiten egal ob die Liste 100 oder 100.000 Elemente hat.

Beim "Del Slice" haben wir wieder $O(n)$, weil dann zumindest alle nachfolgenden Elemente neu durchnummeriert werden müssen. Wie hätten unser Beispiel auch als $O(k*n)$ darstellen können, indem wir k für eine und n für die andere Schleife nehmen. Das würde vor allem auf unseren Passwortknacker zutreffen, da hier große Unterschiede in den Längen der Datensätze zu erwarten sind.

$O(k+n)$, $O(n \log n)$, $O(\log n)$, usw. beschreiben also nur eine mathematische Funktion, die man beispielsweise in eine Grafik plotten könnte, um dann die Veränderung der Laufzeit in Relation zur Erhöhung der Datenmenge abzubilden. Hierbei unterscheidet man zwischen Best-, Average- und Worst-Case.

Diese kann man gut anhand der `.pop()` Methode von Listen und Tupeln erklären. Ein `.pop()` entfernt das letzte Element und hat damit ein $O(1)$, da nichts weiter passieren muss. Ein `.pop(0)` hat ein $O(n)$, da danach alle folgenden Elemente neu durchnummeriert werden müssen und ein `.pop(someindex)` wird im Durchschnitt irgendwo in der Mitte liegen und stellt den Average-Case dar. Das wäre ein $O(n/2)$, das in der Dokumentation weiter auf $O(n)$ gekürzt wurde.

PERFORMANTER MIT LISTEN ARBEITEN

Listen sind ein sehr flexibler Datentyp und mit Sicherheit einer derjenige, der man häufigsten in vielen Programmen eingesetzt werden.

Im Gegensatz zu einem statischen Tupel kann man Listen weitere Elemente am Ende oder an beliebiger Stelle einfügen. Daher wird dieser dynamische Datentyp gern und oft benutzt. Aber genau das verursacht auch bestimmte Probleme, denn viele der möglichen Aktionen sind besonders zeitintensiv.

Um das besser zu verstehen, sehen wir uns genauer an, wie eine Liste funktioniert.

Dazu sehen wir uns zunächst folgenden Code an:

```
import time, sys

lst = []
print(f"{sys.getsizeof(lst):3d} bytes for the empty list object\n")

for i in range(1, 19):
    lst.append(i)
    print(f"{sys.getsizeof(lst):3d} bytes for a list with {i:2d} items")
```

Hiermit erstellen wir eine leere Liste (lst) und fügen dann die Elemente 1 bis 18 hinzu:

```
 56 bytes for the empty list object

 88 bytes for a list with  1 items
 88 bytes for a list with  2 items
 88 bytes for a list with  3 items
 88 bytes for a list with  4 items
120 bytes for a list with  5 items
120 bytes for a list with  6 items
120 bytes for a list with  7 items
120 bytes for a list with  8 items
184 bytes for a list with  9 items
184 bytes for a list with 10 items
184 bytes for a list with 11 items
184 bytes for a list with 12 items
```

```
184 bytes for a list with 13 items
184 bytes for a list with 14 items
184 bytes for a list with 15 items
184 bytes for a list with 16 items
256 bytes for a list with 17 items
256 bytes for a list with 18 items
```

Dabei liefert uns `sys.getsizeof(lst)` den aktuellen Speicherbedarf des Objekts. Wie wir sehen, belegt eine leere Liste 56 Bytes im RAM. Dies ist der Overhead des Objekts. Sobald wir ein Element einfügen, wächst der Speicherbedarf auf 88 Bytes an. Das sind 32 Byte!

Weiters sehen wir, dass für die Elemente 2 bis 4 kein weiterer Speicher angefordert wird. Die Liste reserviert also vorsorglich etwas mehr Speicher, um die Performance zu steigern. Listen sind im Grunde dynamische Arrays. Sehen wir uns daher zuerst an, wie ein Array funktioniert. Dazu habe ich diesen C Code erstellt, den Sie unter `https://www.mycompiler.io/new/c` testen können:

```c
#include <stdio.h>

int main(){
        int lst[3] = {1, 2, 3};

        // Get memory addresses
        for(int i = 0; i < 3; i++){
                printf("%p \n", &lst[i]);
        }
        printf("\n");

        // Get values with help of pointers
        unsigned long ptr = (unsigned long)&lst[0];
        for(unsigned long i = ptr; i < ptr + 3*4; i += 4){
                printf("0x%lx == ", i);
                printf("%d \n", *(int *)i);
        }

        return 0;
}
```

Die Sprache C ist eine sehr hardwarenahe Programmiersprache und eignet sich daher hervorragend zu zeigen, was auf der Hardware-Ebene passiert.

Das Programm erstellt mit `int lst[3] = {1, 2, 3};` ein Array namens `lst` mit 3 Elementen (die Werte 1 bis 3). Danach zählst die erste `for`-Schleife von 0 bis 2 und gibt mit `printf("%p \n", &lst[i]);` die Speicheradressen der einzelnen Elemente aus:

```
0x7fffc45241fc
0x7fffc4524200
0x7fffc4524204
```

Hierbei sorgt das `%p` dafür, dass die Pointeradresse als hexadezimale Zahl mit vorangestelltem `0x` ausgegeben wird.

Dann wird mit `unsigned long ptr = (unsigned long)&lst[0];` eine Variable vom Typ `unsigned long` namens `ptr` erstellt und dieser die Speicheradresse (`&lst[0]`) vom ersten Element zugewiesen. Hierbei wir mit dem vorangestellten (`unsigned long`) eine Typenkonvertierung durchgeführt.

Eigentlich ist eine Speicheradresse nur ein Vorzeichenlose (`unsigned`) Ganzzahl mit 64bit Speicherbedarf (`long`). Allerdings ist es ganz schlechter Stiel, einen Pointer einfach als Ganzzahl zu definieren, vor allem weil dies sehr unleserlich wird und auch weil ein Pointer auf einem alten 32bit System eben nur eine 32bit Zahl wäre und keine 64bit Zahl.

Daher ist dies schrecklicher Code, aber wenn man sich redlich genug bemüht, schafft man es, jegliche Hilfen des Compilers zu umschiffen und alle Berechnungen der Speicheradressen von Hand zu machen. Das ist dann kein schöner oder wartungsfreundlicher Code, verdeutlich aber die Abläufe, die im Hintergrund passieren, viel besser.

Nachdem wir nun die Speicheradresse in einem einfachen `unsigned long` haben, können wir damit rechnen wie mit jeder anderen Zahl. Das nutzen wir in der zweiten `for`-Schleife. Mit `for(unsigned long i = ptr; i < ptr + 3*4; i += 4)` definieren wir den Wert von `ptr` als Startwert für i, führen die Schleife so lange i kleiner ist als `ptr + 3*4` aus, und erhöhen für jeden Schleifendurchlauf i um den Wert 4.

Variablen vom Typ `int` sind in dem Fall 32bit Werte und belegen damit genau 4 Byte im Speicher. Innerhalb der Schleifen geben wir wieder die errechnete Speicheradresse mit `printf("0x%lx == ", i);` aus. Hierbei fügen wir selber das `0x` hinzu, da `%lx` einen `long` Wert in hexadezimaler Form ausgibt, aber ohne vorangestelltes `0x`. Dies machen wir, damit die Werte in der Ausgabe untereinander stehen. Dann fügen wir an die Zeile mit `printf("%d \n", *(int *)i);` den Wert des Array-Elements an. Hierbei sorgt das (`int *`) dafür das i zu einem `int` Pointer gecastet wird und der vorangestellte * dereferenziert den Pointer.

Durch diese Dereferenzierung erhalten wir den int Wert, der an der Speicheradresse zu finden ist und nicht die Speicheradresse selber. Somit lautet die Ausgabe:

```
0x7fffc45241fc == 1
0x7fffc4524200 == 2
0x7fffc4524204 == 3
```

Wir sehen also, dass ein Array einfach ein Block im Speicher ist, der eine bestimmte Größe hat, um eine bestimmte Anzahl von Elementen aufzunehmen. Das Problem ist, wenn wir nun weitere Elemente hinzufügen wollen, dann kann der nachfolgende Speicher schon von anderen Variablen belegt sein. Das sehen wir gut, wenn wir zB folgende Zeile abändern:

```
for(unsigned long i = ptr; i < ptr + 5*4; i += 4){
```

Nun haben wir ein Array mit 3 int Werten, lesen aber 5 Elemente aus. Darum erhalten wir nun:

```
0x7fffd1e09f9c == 1
0x7fffd1e09fa0 == 2
0x7fffd1e09fa4 == 3
0x7fffd1e09fa8 == 2144283904
0x7fffd1e09fac == 2049216809
```

Die letzten zwei Werte können Werte anderer Variablen sein, die im Speicher direkt dahinter liegen oder auch einfach Datenfragmente von zuvor ausgeführten Programmen. Ein Array ist also nur eine Aneinanderreihung von Werten im Speicher und es obliegt dem C-Entwickler, sich zu merken oder eine Formel für die Berechnung, wie viele Werte in diesem Array gespeichert sind, zu finden. Um sicherzugehen, dass wir nichts überschreiben, was noch gebraucht wird, müsste man nun einen neuen Speicherbereich anfordern und die ersten 3 Elemente dahin kopieren.

Genau das macht Python und damit nicht für jedes weitere Element wieder die ganze Liste kopiert werden muss, fordert Python ein paar Byte mehr an Speicher an. Wir sehen, dass anfangs der Speicher für 4 Elemente reserviert wird und sobald dieser nicht mehr reichte, wurde der Speicher für weitere 4 Elemente reserviert. Als das nicht mehr reichte, wurde gleich Speicher für 8 zusätzliche Elemente reserviert. Usw. Außerdem merkt sich Python für uns, wie viele Elemente eine Liste hat.

Durch dieses Vorgehen muss nicht für jedes neue Element die ganze Liste aufwendig im Speicher kopiert werden. Dadurch wird aber auch klar, warum das zeilenweise Einlesen der Datei in einem der vorherigen Beispiele länger dauerte als das Einlesen der ganzen Datei und das Erstellen der Liste mit der .slit() Methode!

Das macht die `.append()` Methode relativ performant.

Durch das Erweitern in größeren Blöcken haben wir viele schnelle Befehlsausführungen und einige langsamere, bei denen die Daten erst verschoben werden müssen. Je größer die Liste wird, umso länger dauert das Verschieben und darum wird auch die Liste in immer größeren Blöcken erweitert. So wird kompensiert, dass eine lange Liste länger braucht, um kopiert zu werden, denn umso länger die Liste wird umso mehr Reservespeicherplätze werden angefügt, mit denen wir uns ein Zeitguthaben erarbeiten für diejenigen Fälle, in denen die Liste im Speicher verschoben wird.

Anders verhält es sich zB mit `.insert()` - sehen wir uns dazu folgenden Code an:

```
import time, sys

lst = []
for i in range(1, 7):
    lst.insert(0, i)
    size = sys.getsizeof(lst)
    print(f"{size:3d} bytes for a list with {i:2d} items :: {lst}")
```

Hier fügen wir ebenfalls Elemente hinzu, allerdings immer an der ersten Stelle.

```
 88 bytes for a list with  1 items :: [1]
 88 bytes for a list with  2 items :: [2, 1]
 88 bytes for a list with  3 items :: [3, 2, 1]
 88 bytes for a list with  4 items :: [4, 3, 2, 1]
120 bytes for a list with  5 items :: [5, 4, 3, 2, 1]
120 bytes for a list with  6 items :: [6, 5, 4, 3, 2, 1]
```

Wie wir sehen, wächst der Speicherbedarf wiederum stufenweise mit jeweils etwas Platz für zusätzliche Elemente, aber wir sehen auch, dass `lst[0]` nach dem ersten Durchlauf die Zahl 1 enthält. Nach dem zweiten Durchlauf der Schleife ist die Ziffer 1 nun `lst[1]` und `lst[0]` enthält die Ziffer 2. Usw.

Immer wenn ein neues Element am Anfang eingefügt wird, müssen also die bereits vorhandenen Elemente verschoben werden, um Platz zu schaffen. Das ist natürlich deutlich weniger performant als `.append()`! Wir sehen hier gut, warum wir hier ein O(n) haben.

Allerdings müssen wir an dieser Stelle noch eine Kleinigkeit betrachten - was genau wird in den Listen gespeichert. Und dazu sehen wir uns folgenden Code an:

```
import time, sys

lst = []
for i in range(1, 5):
    lst.append(i)
    print(f"{sys.getsizeof(lst):d} bytes for a list with {i:d} items")


print()
print(f"lst[0] ia a object of {type(lst[0])} ")
print(f"{sys.getsizeof(lst[0]):3d} bytes needed for 1 int object")
print(f"{sys.getsizeof(lst[0]) * len(lst):3d} bytes needed for {len(lst)} int
objects")
print()

print(lst[0].bit_length)
print(f"{lst[0].bit_length():2d} bit   needed to store {lst[0]}")
print(f"{lst[2].bit_length():2d} bits  needed to store {lst[2]}")
print()

lst[0] += 9999
print(f"{lst[0].bit_length()} bits  needed after += 9999")
print(f"{sys.getsizeof(lst[0])} bytes needed after += 9999")

lst[0] *= 99999999
print(f"{lst[0].bit_length()} bits  needed after *= 99999999")
print(f"{sys.getsizeof(lst[0])} bytes needed after *= 99999999")
```

Damit erhalten wir:

```
88 bytes for a list with 1 items
88 bytes for a list with 2 items
88 bytes for a list with 3 items
88 bytes for a list with 4 items

lst[0] ia a object of <class 'int'>
 28 bytes needed for 1 int object
112 bytes needed for 4 int objects
```

Das ist auf den ersten Blick unlogisch - ein `int` Objekt benötigt 28 Byte Speicherplatz, aber eine Liste mit `int` 4 Elementen benötigt nur 88 Byte Speicherplatz anstatt der errechneten 112 Byte.

Eigentlich benötigen wir viel mehr denn die 88 Byte enthalten, wie wir gelernt haben 56 Byte Speicherplatz für das Objekt selber und dann bleiben nur 32 Byte für die 4 Elemente. Dies passt genau, denn 32 / 4 = 8 Byte und darin kann man einen 64bit Pointer speichern!

Wir belegen also 88 Byte um das Listen-Objekt zu speichern und dann nochmals 112 Byte für die 4 `int` Objekte. Wir können also festhalten, dass Python bei Weitem nicht so sparsam umgeht mit dem RAM-Speicher wie zB C oder C++. Dafür nimmt uns Python die ganze lowlevelige Arbeit mit Pointern ab und merkt sich diverse Eigenschaften wie die Länge einer Liste.

Das ist aber immer noch nicht alles, was an Speicher belegt wird - dazu sehen wir uns an, was in dem `int` Objekt vor sich geht.

```
<built-in method bit_length of int object at 0x00007FF9FFC106B0>
 1 bit   needed to store 1
 2 bits  needed to store 3
```

Hier haben wir zB wieder einen Pointer zu einer Methode. Wenn Sie alles sehen wollen, das in einem `int` Object steckt, dann können Sie zB `dir(lst[0])` ausgeben. Wenn wir diese Funktion nutzen, sehen wir ein ähnliches Verhalten wie bei einer Liste:

```
14 bits  needed after += 9999
28 bytes needed after += 9999
40 bits  needed after *= 99999999
32 bytes needed after *= 99999999
```

`lst[0]` konnte mit einem Bit dargestellt werden und für `lst[2]` wurden schon zwei Bits genutzt. Nachdem wir 9999 zu `lst[0]` dazugezählt haben, wuchs der Speicherbedarf auf 14 Bits oder knapp unter 2 Byte an, aber der Speicherbedarf war aber immer noch 28 Bytes. Erst als wir mit der Multiplikation mit 99999999 den Speicherbedarf auf 40 Bits oder 5 Byte erhöhten, wurde das Objekt auf 32 Bytes vergrößert.

Darum braucht sich der Python-Entwickler auch nicht um Dinge wie Wertebereiche einzelner Datentypen zu kümmern, da Python im Hintergrund je nach Bedarf den Wertebereich und damit die Anzahl der verwendeten Bits skaliert.

Wer sich `dir(lst[0])` ausgeben ließ, wird sich eventuell wundern, wie all diese Methoden und Eigenschaften in nur 28 Byte untergebracht werden können.

Die kurze Antwort ist: Können sie nicht!

Ohne weiter im Detail auf den Ausbau im Speicher einzugehen, werden hier wieder Pointer verwendet, die dann auf Master-Objekte zeigen, die dann auf Methoden oder weitere Objekte zeigen.

Wer also auf diverse Methoden zugreift, muss nicht nur ein- sondern mehrfach dereferenzieren und auch das kostet wieder Zeit.

Daher ist es auch wichtig, dass wir beim Einsatz von Python darauf achten, dass sich diese Nachteile nicht durch den ungeschickten oder unbedarften Einsatz von Methoden und Funktionen der Sprache oder diverser Module aufschaukeln.

.pop und .pop(0)

Die gleiche Problematik, die wir mit `.append()` und `.insert()` bereits besprochen haben, wollen wir uns hier in dem Beispiel praktisch ansehen und herausfinden, wie gravieren die Auswirkungen sind.

Dazu verwenden den wie folgt angepassten Code unseres Passwortknackers:

```python
import time, codecs
from hashlib import md5

def crack_hashes():
    global hashes

    # Read hashes
    with codecs.open("rockyou.txt", "r", "utf-8", errors="ignore") as f:
        candidates = f.read().split("\n")

    candidates = candidates[0:1000000]
    print(f"{len(candidates)} passwords loaded for cracking\n")

    start_time = time.time()

    cracked = 0
    while len(candidates) > 0:
        candidate = candidates.pop()

        try:
            cand_hash = md5(candidate.strip().encode("utf-8")).hexdigest()
        except UnicodeDecodeError:
            pass

        if cand_hash in hashes:
            cracked += 1

    time_passed = time.time() - start_time
    print(f"{cracked} hashes cracked in {time_passed} sec. \n")
```

```
# Read hashes
with open("hashes.txt", "r") as f:
    hashes = f.read().split("\n")

print(f"{len(hashes)} hashes loaded for cracking")

# Set & processing
hashes = set(hashes)
print(type(hashes))
crack_hashes()
```

Lassen wir dies laufen, erhalten wir folgende Ausgabe:

```
17228 hashes loaded for cracking
<class 'set'>
1000000 passwords loaded for cracking

4760 hashes cracked in 3.4957711696624756 sec.
```

Sobald wir die Zeile `candidates.pop()` auf `candidates.pop(0)` abändern, erhalten wir völlig anderen Ausführungszeiten:

```
17228 hashes loaded for cracking
<class 'set'>
1000000 passwords loaded for cracking

4760 hashes cracked in 426.0225203037262 sec.
```

Eine beinahe 122 mal so lange Ausführungszeit spricht hier für sich! Dennoch wollen wir als kleine Übung das Programm mit der O-Notation untersuchen, um so Einsparpotenzial zu erkennen.

Im Hauptprogramm wir die Hash-Liste eingelesen und obwohl dies klar ein $O(n)$ ist, da eine größere Datei auch länger braucht, um Eingelesen zu werden, bewerten wir dies als $O(1)$, da das Einlesen im Vergleich zum restlichen Programm nur sehr wenig Zeit in Anspruch nimmt. Außerdem haben wir mit der Einlesemethode und der Umwandlung in eine Liste schon die uns bis dato performanteste Variante verwendet. Kurz um - hier haben wir kaum Einsparpotenzial.

Die Typenkonvertierung und die `print`-Ausgabe sind auch wieder $O(1)$, aber die Funktion `crack_hashes` ist definitiv ein $O(n)$!

Also sehen wir uns die Funktion im Detail an...

Das Definieren der Variable `hashes` als global sowie das Einlesen der Wortliste, das kürzen der Wortliste und die `print`-Ausgabe sind wieder O(1). Das gleiche gilt für das Erfassen der Startzeit, das Errechnen der vergangenen Zeit nach der Schleife und die danach folgende `print`-Ausgabe.

Also bleibt wieder nur die Schleife als O(n) über. Darin finden wir das `.pop(0)`, dass laut Dokumentation ein O(n) hat. Den `try-except`-Block können wir wieder mit O(1) bewerten, da darin nur der Hash eines möglichen Kandidaten berechnet und ein allfälliger Fehler übersprungen wird. Diese Hash-Berechnung dauert unabhängig von der Datenmenge immer gleich lang pro Schleifendurchlauf.

Wir suchen so systematisch nach Stellen mit Einsparpotenzial. Natürlich wird die Berechnung der Hashes einen bestimmten Teil zu dem O(n) der ganzen Schleife und der Funktion an sich beitragen, aber innerhalb der Schleife betrachten wir dies auf Basis eines Durchlaufes. Abgesehen davon wüsste ich nicht, wie wir die Hash-Berechnung weiter optimieren sollten, ohne auf die Berechnung mit Hilfe einer GPU umzusteigen, aber das würde hier den Rahmen sprengen!

Das Letzte, was dann noch übrig bleibt, ist `if cand_hash in hashes` und hier werden alle Werte mit dem zuvor erstellten Hash verglichen. Dank der Tatsache, dass ein Set auf der später vorgestellten Technik namens Hashing basiert, ist es kein O(n) wie bei einer Liste, sondern ein O(1).

Sehen wir uns zunächst an, wie wir die Wortliste in umgekehrter Reihenfolge durchlaufen können, ohne ein `.pop(0)` zu verwenden. Dazu können wir die `.reverse()` Methode der Liste aufrufen. Diese würde ich ohne lange Recherche auch als O(n) klassifizieren, aber wir können diese einmalig vor der Schleife ausführen und haben somit nur ein O(1). Verwenden wir dann ein einfaches `.pop()` in der Schleife, welches wieder ein O(1) hat, sparen wir uns einige Zeit. Also fügen wir folgende Zeilen nach `start_time = ...` ein:

```
# Invert list
print(candidates[0])
print(candidates[-1])
candidates.reverse()
print(candidates[0])
print(candidates[-1])
```

Dann erhalten wir folgende Zeit:

```
17228 hashes loaded for cracking
<class 'set'>
1000000 passwords loaded for cracking

123456
budakid1
budakid1
123456
4760 hashes cracked in 3.52276611328125 sec.
```

... dank der print-Ausgaben sehen wir gut, dass die Liste umgedreht wurde und die Zeit mit 3,52 Sekunden im Vergleich zu 3,49 Sekunden quasi innerhalb der Schwankungsbreite die Hintergrundprozesse verursachen liegt. Dennoch wird das .reverse() auch einen Teil zu diesem Unterschied beitragen!

Obwohl wir das einfache .pop() als O(1) bewerten wird damit der Speicher während der Programmausführung schrittweise wieder freigegeben. Auch wenn das schrittweise Freigeben des Speichers sich mathematisch zu einem O(1) ausgleicht, muss uns dennoch klar sein, dass dies eine Operation ist, die zwar im Durchschnitt eine konstante Ausführungszeit unabhängig von der Datenmenge verspricht, man sich diesen unnötigen Overhead dennoch sparen kann.

Also habe ich folgende zwei Zeilen

```
while len(candidates) > 0:
    candidate = candidates.pop()
```

durch

```
for candidate in candidates:
```

ersetzt. Außerdem habe ich ein del(candidates) vor time_passed = ... eingefügt. Somit wird der Speicher am Ende der Schleife auf einmal freigegeben. Dies ist zwar auch unsinnig da das Programm danach ohnehin endet, aber es kommt der Idee die ein .pop() impliziert am nächsten und ist so ein relativ fairer Vergleich.

Dann sehen wir uns einmal an, was wir damit an Zeit sparen konnten:

```
17228 hashes loaded for cracking
<class 'set'>
```

```
1000000 passwords loaded for cracking

123456
budakid1
budakid1
123456
4760 hashes cracked in 2.9328421592712402 sec.
```

... nochmals etwas mehr als 0,5 Sekunden oder ca. 17%. Was an dieser Stelle noch wichtiger ist, ist aber der Beweis, dass unabhängig von Hilfsmitteln wie der O-Notation auch logisches Denken wichtig sind. Selbst wenn eine Anweisung "nur" ein O(1) hat, muss das weder ein schnelles O(1) sein noch muss diese Anweisung zwingend nötig sein.

So findet sich auch in solchen Programmteilen Einsparpotenzial, wenn auch nur in einem geringeren Maße. Sehen Sie also die O-Notation nicht als Ausschlusskriterium, sondern eher als eine Reihung nach möglichem Potenzial. Aber auch hier bestätigen Ausnahmen die Regel!

Eine Datenstruktur, die auf das Anfügen und Entfernen von Daten am Beginn und an Ende optimiert ist, sehen wir uns im Kapitel " Die Double Ended Queue" an.

Binäre Suche als schnellere Alternative zum in-Operator

Bis dato haben wir ja nur die Anzahl der geknackten Passwörter gezählt - das ist zwar interessant, aber ich denke, dass ein User von einem Passwortknacker erwarten würde, dass dieser die geknackten Passwörter auch ausgeben kann.

Dazu habe ich mir folgenden Code überlegt:

```
import time, codecs
from hashlib import md5

def crack_hashes():
    global hashes
    start_time = time.time()
    for i in range(4):
        cracked = 0
        ctr = 0
        with codecs.open("rockyou.txt", "r", "utf-8", errors="ignore") as f:
            for candidate in f:
                ctr += 1
                if ctr > 1000000:
                    break
                try:
                    cand_hash = md5(candidate.strip().encode("utf-8")).
hexdigest()
                except UnicodeDecodeError:
                    pass

                if cand_hash in hashes:
                    cracked += 1

    time_passed = time.time() - start_time
    print(str(cracked) + " hashes cracked in " + str(time_passed/4) + " sec.
\n")


# Read hashes
with open("hashes.txt", "r") as f:
    hashes = f.read().split("\n")
```

```
hashes.sort()
print(str(len(hashes)) + " hashes loaded for cracking\n")

print(type(hashes))
crack_hashes()
```

Die Annahme hierbei ist, dass wir eine CSV-Datei mit Userdaten einlesen und dann die Spalte mit den Hashwerten in eine Liste abspalten, um diese zu bearbeiten. Danach können wir den Index verwenden, um die geknackten Passwörter wieder in die passende Zeile einzufügen.

Allerdings ist die Ausführungzeit mit der Liste alles andere als überzeugend:

```
17228 hashes loaded for cracking

<class 'list'>
4760 hashes cracked in 671.275228202343 sec.
```

Dies ist auch vollkommen verständlich, denn ca. 12500 Hashes konnten nicht geknackt werden und für jeden dieser Hashes wurden die gesamten 1000000 Passwörter durchlaufen. Für die 4760 geknackten Passwörter wurden dann zumindest ein Teil der Wortliste abgearbeitet.

Daher sollten wir uns nun einige Wege ansehen, wie man das beschleunigen kann. Zuerst werden wir eine alternative Suchfunktion schreiben. Diese prüft nicht Element für Element, sondern prüft das mittlere Element und entscheidet dann, ob das gesuchte Element davor oder dahinter liegt, um die Suche dann mit der entsprechenden Hälfte der Daten fortzuführen.

Wir halbieren also immer die Daten, bis am Ende nur ein oder zwei Datensätze übrig bleiben. Dann rechnen wir mal, wie viele Halbierungen bei 14,3 Millionen nötig sind:

```
>>> 14300000 // (2**23)
1
```

Nur 23 Halbierungen der Daten mit 2 - 4 if-Abfragen könnten wir im Schnitt als $O(23*3)$ ausdrücken im Vergleich zu $O(n)$ haben wir damit bei allen Passwörtern einen Vorteil, die nicht in den ersten 69 Zeilen geknackt werden. Praktisch hat ein Funktionsaufruf und die unten gezeigte Rekursion mit mehreren verschachtelten Funktionsaufrufen noch einiges mehr an Overhead und daher wird die Wahrheit eher bei einigen Hundert oder sogar ein paar Tausend Zeilen liegen, was immer noch weit entfernt ist von der Mitte der Daten bei 7,15 Millionen!

Also fügen wir die folgende Funktion dem Code hinzu

```
def bin_search(haystack, needle, begin, end):
    middle = (begin + end) // 2
    if begin == middle:
        if haystack[end] == needle:
            return end
        elif haystack[begin] == needle:
            return begin
        else:
            return None

    elif haystack[middle] < needle:
        return bin_search(haystack, needle, middle, end)

    else:
        return bin_search(haystack, needle, begin, middle)
```

... und ersetzen

```
if cand_hash in hashes
```

mit

```
if bin_search(hashes, cand_hash, 0, len(hashes)) != None.
```

Diese Suchmethode kann aber nur dann funktionieren, wenn alles Hashwerte alphabetisch sortiert sind. Genau das erklärt, warum ich ein hashes.sort() eingebaut hatte.

Dann prüfen wir, wie gut die binäre Suche im Vergleich zum in-Operator abschneidet:

```
17228 hashes loaded for cracking

<class 'list'>
4760 hashes cracked in 11.072053492069244 sec.
```

Das Programm läuft nun über 60 mal so schnell. Das kann sich sehen lassen..

Durch eine Sortierung wird allerdings auch die Reihenfolge der Elemente verändert also müsste die alphabetische Sortierung der Hashwerte bereits in der CSV-Liste vorgenommen werden, damit die geknackte Liste dann wieder als Spalte eingesetzt werden kann.

Eine Alternative wäre es, die Zeilenanzahlen in einem Dictionary dem Hash als Key zuzuordnen. Das bringt uns dann auch wieder näher an die Geschwindigkeit eines Set.

Sehen wir uns dazu diesen Code an:

```python
import time, codecs
from hashlib import md5

def crack_hashes():
    global hashes
    start_time = time.time()
    cracked = 0
    ctr = 0
    with codecs.open("rockyou.txt", "r", "utf-8", errors="ignore") as f:
        for candidate in f:
            ctr += 1
            if ctr > 1000000:
                break
            try:
                cand_hash = md5(candidate.strip().encode("utf-8")).
hexdigest()
            except UnicodeDecodeError:
                pass
            if hashes_dict.get(cand_hash, "") != "":
                cracked += 1

    time_passed = time.time() - start_time
    print(f"{cracked} hashes cracked in {time_passed} sec. \n")


# Read hashes
with open("hashes.txt", "r") as f:
    hashes = f.read().split("\n")

print(f"{len(hashes)} hashes loaded for cracking")
```

```
# Convert to dict
start_time = time.time()
hashes_dict = {}
line = 0
for h in hashes:
    # Not an entry yet
    if hashes_dict.get(h, "") == "":
        hashes_dict[h] = []

    # Add line number to list
    hashes_dict[h].append(line)
    line += 1

time_passed = time.time() - start_time
print(f"List convertation took {time_passed} sec. \n")

print(type(hashes_dict))
crack_hashes()
```

Im Vergleich zur binären Suche erhalten wir folgende Zeiten:

```
17228 hashes loaded for cracking
List convertation took 0.016989707946777344 sec.

<class 'dict'>
4760 hashes cracked in 5.41364598274231 sec.
```

Damit haben wir die Zeit wieder halbiert. Außerdem fällt die Umwandlung der Liste mit 0,02 Sekunden kaum ins Gewicht.

Der "Trick" hierbei ist, dass wir `hashes_dict.get(cand_hash, "")` verwenden. Diese Funktion liefert entweder den Hash oder einen Leerstring zurück, falls der Hash nicht gefunden wird. Somit umgehen wir einen `KeyError` der auftreten würde, wenn wir versuchen, auf einen nicht vorhandenen Key zuzugreifen. Also sparen wir uns das Exception-Handling oder die noch langsamere Variante mit `if cand_hash in hashes_dict.keys()`!

Was uns an dieser Stelle allerdings auffällt, ist, dass wir eine Hash-Berchnung für jeden Eintrag in der Wortliste durchführen und das jedes mal, wenn wir versuchen, einen der Hashes zu knacken.

Das geht auch besser. Bei Passwortknackern gibt es sogenannte Rainbowtables, die vorab errechnete Hashwerte zur Verfügung stellen und damit den Vorgang zu beschleunigen. Bei Passwörtern wird dies mit Salt- und Pepper-Werten in vielen Fällen verhindert, aber in vielen anderen Bereichen finden sich Berechnungen, die man problemlos vorab erledigen kann und so Zwischenergebnisse direkt zur Verfügung stellt.

Dies erinnert mich an einen Kunden, der eine Art Produktkonfigurator anbietet, auf dem eine absurde Anzahl von Produktkonfigurationen möglich sind. Allerdings ließen sich sehr viele dieser Konfigurationen nicht herstellen bzw. waren diese völlig sinnlos. Zum besseren Verständnis ein kleines Beispiel:

Stellen wir uns vor, wir haben einen Konfigurator für Autos. Hier könnte man beispielsweise einen Dachträger für einen VW Golf genau so gut wie für einen Passat oder Touareg anbieten, aber nicht, wenn das Auto ein Cabrio mit Stoffdach ist. Die Zusatzoption Dachträger ist damit vom Dach abhängig und nicht vom Modell.

Andere Dinge wie Reifen hängen vom Modell ab, denn die 21" Felgen von dem SUV passen unmöglich auf einen VW Polo. Wieder andere Optionen ergeben zusammen keinen Sinn. So wäre es sinnlos, nach einer gewählten Speziallackierung eine Komplettfolierung anzubieten und den zuvor ausgesuchten teuren Lack gänzlich zu überdecken.

Bei meinem Kunden ging es um chemische Prozesse und so waren manche Kombinationen nicht möglich, da diese chemisch reagierten, bestimmte Stoffe durften nicht in bestimmte Länder geliefert werden, Verarbeitungen waren je nach Bestimmungsland unterschiedlich, Optionen hatten unterschiedliche Einrichtungskosten - so mussten individuelle Stanzformen erst teuer hergestellt werden und bei Standard-Stanzformen teilten sich viele Kunden diese Herstellungskosten.

Außerdem war die Auswahl der Stanzform von der verwendeten Maschine abhängig, denn nicht alle Stanzformen passten in jede Maschine. Die Maschine war wieder von einigen anderen Optionen abhängig.

Dazu kam, dass manche Produkte so häufig verkauft wurden, dass man mehrere Aufträge zusammen fertigen konnte und so wurden bei bestimmten Konfigurationen die Fixkosten wieder geringer.

All das ergab ein sehr umfangreiches Regelwerk, das sich aber nur änderte, wenn sich Gesetze und diverse andere Vorschriften änderten oder neue Maschinen angeschafft wurden. Dies war allerdings nur selten der Fall.

Es lag also nahe, dass diese aufwenigen Abfragen, die einige sehr komplexe JOINs und Dutzende oder teilweise sogar Hunderte Datenbank-Abfragen verursachten, vorab ausgeführt werden konnten. Wir erstellten also einige Dateien, die anhand von vielen verschachtelten `if`-Abfragen die entsprechenden Daten lieferten.

Hierbei haben wir sowohl Preisanfragen, die bis zu dem Zeitpunkt möglich waren, als auch mögliche Auswahloptionen für die noch offenen Punkte in Form von Listen und Dictionaries zur Verfügung gestellt.

Damit konnte die Ausführungszeit auf einen Bruchteil der zuvor benötigten Zeit gesenkt werden.

Daher wollen wir uns als Nächstes ansehen, wie wir eine improvisierte Rainbowtable aufbauen.

Comprehensions

List- und Dictionary-Comprehensions sind in der Regel schneller als die Verarbeitung und Manipulation mit Schleifen.

Wie viel schneller wollen wir uns anhand des Rainbowtable-Generators ansehen:

```
import time, codecs
from hashlib import md5


# Read hashes
with codecs.open("rockyou.txt", "r", "utf-8", errors="ignore") as f:
    wordlist = f.read().split("\n")
print(f"{len(wordlist)} hashes loaded for converting\n")


# Loop
start_time = time.time()
rt = []
for candidate in wordlist:
    cand_hash = md5(candidate.encode("utf-8")).hexdigest()
    rt.append(cand_hash + ": " + candidate)
time_passed = time.time() - start_time
print(f"Converted with a loop          in {time_passed} sec. ")


# Comprehension
start_time = time.time()
rt = [ md5(candidate.encode("utf-8")).hexdigest() + ": " + candidate for can-
didate in wordlist ]
time_passed = time.time() - start_time
print(f"Converted with a comprehension in {time_passed} sec. \n")


# Save file
with codecs.open("md5.yaml", "w", "utf-8") as f:
    f.write("\n".join(rt))
```

Die Zeiten wären hierbei:

```
14344392 hashes loaded for converting

Converted with a loop           in 31.46098790168762 sec.
Converted with a comprehension in 29.31712055206299 sec.
```

Dies ist nicht besonders eindeutig - da die Laufzeit zu einem großen Teil der Hashberechnung geschuldet ist. Daher habe ich ein weiteres Beispiel erstellt, um einzig den Unterschied zwischen einer Schleife und einer Comprehension zu untersuchen:

```
import time

num_elems = 14300000


start_time = time.time()
list1 = []
for i in range(num_elems):
    list1.append(i)
time_passed = time.time() - start_time
print(f"List-creation took {time_passed} sec.")

start_time = time.time()
list1 = [i for i in range(num_elems)]
time_passed = time.time() - start_time
print(f"List-creation took {time_passed} sec. \n")


start_time = time.time()
list2 = []
for i in list1:
    list2.append(i+1)
list2 = tuple(list2)
time_passed = time.time() - start_time
print(f"List-processing and converting took {time_passed} sec.")
```

```python
start_time = time.time()
list2 = tuple(i + 1 for i in list1)
time_passed = time.time() - start_time
print(f"List-processing and converting took {time_passed} sec. \n")


start_time = time.time()
list3 = []
for i in list2:
    if i % 2 == 0:
        list3.append(i)
time_passed = time.time() - start_time
print(f"List-filtering took {time_passed} sec.")

start_time = time.time()
list3 = [i for i in list2 if i % 2 == 0]
time_passed = time.time() - start_time
print(f"List-filtering took {time_passed} sec. \n")
```

Hierbei zeigt sich folgendes Bild:

```
List-creation took 2.162879467010498 sec.
List-creation took 1.038902044296265 sec.

List-processing and converting took 2.358903408050537 sec.
List-processing and converting took 1.521845102310181 sec.

List-filtering took 2.2058629989624023 sec.
List-filtering took 1.1639068126678467 sec.
```

Die Comprehensions sind jeweils ungefähr doppelt so schnell. Beides wäre hier als O(n) zu klassifizieren, aber auch hier sieht man schön, dass dies nichts über die Geschwindigkeit und Effizienz aussagen muss.

Caching

Wann immer aufwendige Zwischenschritte einmalig durchgeführt und die Ergebnisse fertig verarbeitet abgespeichert werden können, gibt es die Möglichkeit, ein Programm so zu beschleunigen.

Dank der zuvor erstellten Yaml-Datei müssen wir die Hash-Berechnungen nun nicht mehr durchführen. Sobald wir diese laden, wird uns ein Dictionary mit den Hashwerten als Keys und den Klartext Passwörtern als Values zur Verfügung gestellt.

Dabei habe ich allerdings festgestellt, dass der YAML-Parser einige Fehler wirft. Nach zwei weiteren Versuchen habe ich festgestellt, dass eine gültige YAML-Datei mit folgender Comprehension erzeugt wird:

```
rt = [ md5(candidate.encode("utf-8")).hexdigest() + ": \"" +
candidate.replace('"', '\\"') + "\"" for candidate in wordlist ]
```

Leider musst ich dann feststellen, dass der YAML-Parser beim Laden der Datei derart langsam ist, dass das Laden viel zu lange dauerte. Aus diesem Grund bin ich wieder auf die zuvor gezeigte Version zurückgegangen und habe einen einfacheren Parser selbst erstellt:

```
import time, codecs
from hashlib import md5


def crack_hashes():
    global hashes
    start_time = time.time()
    cracked = 0
    ctr = 0
    for cand_hash, candidate in rt.items():
        ctr += 1
        if ctr > 1000000:
            break

        if hashes_dict.get(cand_hash, "") != "":
            cracked += 1

    time_passed = time.time() - start_time
    print(f"{cracked} hashes cracked in    {time_passed} sec. \n")
```

```python
# Read hashes
with open("hashes.txt", "r") as f:
    hashes = f.read().split("\n")

print(f"{len(hashes)} hashes loaded for cracking\n")


# Dict
start_time = time.time()
hashes_dict = {}
line = 0
for h in hashes:
    # Not an entry yet
    if hashes_dict.get(h, "") == "":
        hashes_dict[h] = []

    # Add line number to list
    hashes_dict[h].append(line)
    line += 1

time_passed = time.time() - start_time
print(f"List convertation took    {time_passed} sec.")


# Read rainbowtable
start_time = time.time()
with codecs.open("md5.yaml", "r", "utf-8", errors="ignore") as f:
    rt = { line[0:32] : line[34:] for line in f.read().split("\n") }

time_passed = time.time() - start_time
print(f"Rainbowtable reading took {time_passed} sec. \n")


print(type(hashes_dict))
crack_hashes()
```

Hierbei habe ich einfach eine Dictionary-Comprehension in Verbindung mit den Slicing der Strings verwendet. Dies war der einfachste Weg, da alles Hashwerte gleich lang sind.

Allerdings war der Peak-Wert für die RAM-Auslastung beim Erstellen der Leiste etwas über 4GB!

Es wäre also deutlich sinnvoller, die Daten zu splitten und dann in Blöcken von 100.000 - 1.000.000 Kandidaten abzuarbeiten.

Aber die Zahlen sprechen für sich - das eigentliche Knacken der Passwörter dauerte nicht einmal eine halbe Sekunde!

```
17228 hashes loaded for cracking

List convertation took     0.01597523689270 sec.
Rainbowtable reading took 23.03456687927246 sec.

<class 'dict'>
4760 hashes cracked in     0.43095254898071 sec.
```

FALLBEISPIEL 1 - PASSWORKNACKER

Wir sind am Anfang des Buches eigentlich mitten in die Optimierung hineingesprungen, ich will Ihnen an dieser Stelle ein komplettes Fallbeispiel zeigen und Ihnen meine Überlegungen und Entscheidungen erklären.

Nachdem wir einige Details bereits besprochen haben, wird es Zeit, das gelernte an einem Fallbeispiel zu vertiefen... Außerdem will ich ihnen erklären, wie und warum ich welche Optimierungen gewählt habe.

Daher sehen wir uns eine noch frühere Version an die wir so in diversen Tutorials finden können. Dabei wurde das Programm so erstellt, wie man umgangssprachlich einen Passwortknacker beschreiben würde. Das Programm durchläuft eine Liste mit Hashwerten und versucht dann Passwort für Passwort zu knacken:

```python
import time, codecs
from hashlib import md5


# Read hashes
csv_list = []
with open("TEST.csv", "r") as f:
    for line in f:
        csv_list.append(line.rstrip())


# Crack Hashes
start_time = time.time()
cracked = 0

for line in csv_list:
    with codecs.open("rockyou.txt", "r", "utf-8", errors="ignore") as f:
        for candidate in f:
            cand_hash = md5(candidate.rstrip("\n").encode("utf-8")).hexdigest()

            if cand_hash == line.split(",")[-1]:
                print(line + "," + candidate, end="")
                cracked += 1
```

```
time_passed = time.time() - start_time
print(str(cracked) + " hashes cracked in " + str(time_passed) + " sec. \n")
```

Die Ergebnisse sind allerdings alles andere als berauschend:

py.exe -3.8 badpwcracker.py
```
7401,12345,1,1.2.3.4,street,0,1980/12/12,e@mail.com,name,login,img.jpg,fr,xxx,047901
e3d0f35166b6e1aa46e5ade3bb,airwaves
14,12345,1,1.2.3.4,street,27,1980/12/12,e@mail.com,name,login,img.jpg,fr,xxx,e5fa411
1bc2c2a2d4cacbf58acee3b56,mpjmpj
17,12345,1,1.2.3.4,street,7,1980/12/12,e@mail.com,name,login,img.jpg,fr,xxx,e10adc39
49ba59abbe56e057f20f883e,123456
17,12345,1,1.2.3.4,street,7,1980/12/12,e@mail.com,name,login,img.jpg,fr,xxx,e10adc39
49ba59abbe56e057f20f883e,123456
18,12345,1,1.2.3.4,street,127,1980/12/12,e@mail.com,name,login,img.jpg,fr,xxx,5c1fd0
f31022cbc40af9f785847baaf9,longhorn
20,12345,1,1.2.3.4,street,25,1980/12/12,e@mail.com,name,login,img.jpg,fr,xxx,de41929
f4065207da39cfb1a4485eaf8,plopplop
22,12345,1,1.2.3.4,street,9,1980/12/12,e@mail.com,name,login,img.jpg,fr,xxx,a9197ec0
0796c89a0cae27e0ef199e4f,ontheweb
...
9147 hashes cracked in 1944289.83049011231 sec.
```

Damit haben wir nur 22,5 Tage gebraucht, um 9.147 Passwörter zu knacken. Hier ist schon das ganze Grundkonzept falsch, denn wir können folgende Überlegungen anstellen:

1. Je mehr Useraccounts wir knacken wollen, umso wahrscheinlicher werden verschiedene User das gleiche Passwort verwenden.
2. Je mehr Useraccounts wir nicht knacken können, umso öfter durchlaufen wir die gesamte Passwortliste erfolglos.

Wir knacken also bestimmte Passwörter mehrfach und verschwenden so seit und jedes Passwort, das wir nicht knacken können sorgt dafür, dass wir die Wortliste komplett durchlaufen. Wie wir hier sehen konnten, haben wir 17.227 Zeilen in der TEST.csv und davon konnten 9.147 Passwörter geknackt werden. Wir haben also die Wortliste 9.147 mal zum Teil und 8.080 mal komplett durchlaufen.

Das ist so nicht wirklich sinnvoll. Also beginnen wir unser Konzept zu überarbeiten...

Die erste Änderung ist es nun, die Passwort-Liste nur einmal komplett zu durchlaufen (was ohnehin passiert, sobald wir das erste Passwort nicht knacken können) und dann für jeden Eintrag zu prüfen, ob wir damit ein Passwort aus den Accounts geknackt haben.

Das bringt uns quasi zu dem Code mit den wir begonnen haben:

```python
import time, codecs
from hashlib import md5


# Read hashes
with open("TEST.csv", "r") as f:
    csv_list = f.read().split("\n")


# Crack Hashes
start_time = time.time()
cracked = 0

with codecs.open("rockyou.txt", "r", "utf-8", errors="ignore") as f:
    for candidate in f:
        cand_hash = md5(candidate.rstrip("\n").encode("utf-8")).hexdigest()

        for line in csv_list:
            if cand_hash == line.split(",")[-1]:
                print(line + "," + candidate, end="")
                cracked += 1

time_passed = time.time() - start_time
print(str(cracked) + " hashes cracked in " + str(time_passed) + " sec. \n")
```

Außerdem habe ich die schnellere und platzsparendere Methode verwendet, um die Hashwerte zu laden und die Funktion aufgelöst, die wir nur brauchten, um den Crack-Vorgang mehrfach durchzuführen mit verschiedenen Optimierungen.

Es wurde hier auch die if-Abfrage entfernt, die den Vorgang nach ein paar wenigen Versuchen abbricht wie in den vorherigen Beispielen. Ich habe hier bewusst eine Liste verendet, wie man es in so vielen Büchern und Tutorials findet!

Das Ergebnis ist deutlich besser, aber immer noch wahnsinnig langsam:

```
py.exe -3.8 betterpwcrack.py
17,12345,1,1.2.3.4,street,7,1980/12/12,e@mail.com,name,login,img.jpg,fr,xxx,e10adc39
49ba59abbe56e057f20f883e,123456
57,12345,1,1.2.3.4,street,11,1980/12/12,e@mail.com,name,login,img.jpg,fr,xxx,e10adc3
949ba59abbe56e057f20f883e,123456
58,12345,1,1.2.3.4,street,9,1980/12/12,e@mail.com,name,login,img.jpg,be,xxx,e10adc39
49ba59abbe56e057f20f883e,123456
453,12345,1,1.2.3.4,street,0,1980/12/12,e@mail.com,name,login,img.jpg,fr,xxx,e10adc3
949ba59abbe56e057f20f883e,123456
505,12345,1,1.2.3.4,street,3,1980/12/12,e@mail.com,name,login,img.jpg,fr,xxx,e10adc3
949ba59abbe56e057f20f883e,123456
579,12345,1,1.2.3.4,street,0,1980/12/12,e@mail.com,name,login,img.jpg,fr,xxx,e10adc3
949ba59abbe56e057f20f883e,123456
592,12345,1,1.2.3.4,street,0,1980/12/12,e@mail.com,name,login,img.jpg,be,xxx,e10adc3
949ba59abbe56e057f20f883e,123456
777,12345,1,1.2.3.4,street,0,1980/12/12,e@mail.com,name,login,img.jpg,fr,xxx,e10adc3
949ba59abbe56e057f20f883e,123456
...
9147 hashes cracked in 304661.92380380631 sec.
```

Wie wir hier sehen, gab es gleich einige User, die das tolle Passwort "123456" verwendet haben. So wurden auf einen Schlag gleich mehrere Accounts geknackt. Außerdem hat es den Vorteil, dass wir schnellstmöglich viele Accounts knacken.

Dauert dem User der Vorgang zu lange und er bricht das Programm ab, dann hat er wenigstens die maximal mögliche Anzahl an Accounts ausgegeben bekommen. Aber auch die Ausführungszeit hat sich auf etwas mehr als 3,5 Tage verkürzt.

Also haben wir allein durch das Umdrehen der Arbeitsweise das Programm um ungefähr das 6-Fache beschleunigt. So prüfen wir nun für jeden Eintrag in der Wortliste, ob sich damit ein oder mehrere Accounts knacken lassen.

Programme werden oft mit kleinen Testdatensätzen entwickelt und getestet. Im realen Einsatz zeigt sich aber immer wieder, dass auch die Arbeitsweise eines Programms hinterfragt werden muss. Nicht selten sind die Testdaten, die der Kunde zur Verfügung stellt, nicht wirklich repräsentativ oder im Laufe der Benutzung des Programms ändert sich die Situation.

Wir sollten daher bei der Optimierung keine Möglichkeiten außer acht lassen und offen dafür sein, auch den gewählten Ansatz zu hinterfragen und uns nicht nur auf die rein technische Seite zu versteifen.

Der nächste Schritt wäre es nun, das Programm wieder zu analysieren. Hier haben wir:

O(1) ... beim Laden der Daten
O(n) ... für die Verarbeitung der Wortliste und darin ein
O(k) ... für die verarbeiteten Datensätze.

Damit haben wir ein O(1 + n*k) für das gesamte Programm. Das Laden der Daten können wir Vernachlässigen und die Wortliste müssen wir zwangsläufig abarbeiten, aber nicht die Liste der Userdaten!

Wie wir bereits gesehen haben, können wir dies deutlich beschleunigen, indem wir ein Set oder ein Dictionary verwenden. Ich habe mit hier für das Dictionary entschieden, da wir damit auch gleich die Ausgabe der geknackten Datensätze realisieren können.

Das bringt uns zu folgendem Quellcode:

```python
import time, codecs
from hashlib import md5

start_time = time.time()
cracked = 0

# Read hashes and generate lines dict
hashes_dict = {}
with open("TEST.csv", "r") as f:
    for line in f:
        # Not an entry yet
        h = line.split(",")[-1].strip()
        if hashes_dict.get(h, "") == "":
            hashes_dict[h] = []

        # Add line number to list
        hashes_dict[h].append(line.rstrip())
```

Crack Hashes

```
with codecs.open("rockyou.txt", "r", "utf-8", errors="ignore") as f:
    for candidate in f:
        cand_hash = md5(candidate.rstrip("\n").encode("utf-8")).hexdigest()

        result = hashes_dict.get(cand_hash, None)
        if result != None:
            for line in result:
                print(line + "," + candidate, end="")
                cracked += 1

time_passed = time.time() - start_time
print(str(cracked) + " hashes cracked in " + str(time_passed) + " sec. \n")
```

Damit erreichen wir einen extremen Geschwindigkeitszuwachs:

py.exe -3.8 betterpwcracker_v2.py

```
17,12345,1,1.2.3.4,street,7,1980/12/12,e@mail.com,name,login,img.jpg,fr,xxx,e10adc39
49ba59abbe56e057f20f883e,123456
57,12345,1,1.2.3.4,street,11,1980/12/12,e@mail.com,name,login,img.jpg,fr,xxx,e10adc3
949ba59abbe56e057f20f883e,123456
58,12345,1,1.2.3.4,street,9,1980/12/12,e@mail.com,name,login,img.jpg,be,xxx,e10adc39
49ba59abbe56e057f20f883e,123456
453,12345,1,1.2.3.4,street,0,1980/12/12,e@mail.com,name,login,img.jpg,fr,xxx,e10adc3
949ba59abbe56e057f20f883e,123456
505,12345,1,1.2.3.4,street,3,1980/12/12,e@mail.com,name,login,img.jpg,fr,xxx,e10adc3
949ba59abbe56e057f20f883e,123456
579,12345,1,1.2.3.4,street,0,1980/12/12,e@mail.com,name,login,img.jpg,fr,xxx,e10adc3
949ba59abbe56e057f20f883e,123456
592,12345,1,1.2.3.4,street,0,1980/12/12,e@mail.com,name,login,img.jpg,be,xxx,e10adc3
949ba59abbe56e057f20f883e,123456
777,12345,1,1.2.3.4,street,0,1980/12/12,e@mail.com,name,login,img.jpg,fr,xxx,e10adc3
949ba59abbe56e057f20f883e,123456
...
9147 hashes cracked in 75.42931699752808 sec.
```

Das wären nun 1,25 Minuten statt ca. 5077,7 Minuten. Das entspricht einer Geschwindigkeitssteigerung von ca. 4.062 mal!

Natürlich könnten wir nun weiter optimieren und mit Caching, Multithreading und allen möglichen weiteren Dingen arbeiten. Wir müssen allerdings aufpassen, dass wir eine Optimierung
nicht übertreiben!

Man kann sich hier allzu schnell verrennen. Ich habe dazu ein Unvernunfts-Beispiel kreiert:

```python
import time, codecs
from hashlib import md5


start_time = time.time()
cracked = 0

# Read hashes and generate lines dict
hashes_dict = {}
with open("TEST.csv", "r") as f:
    for line in f:
            # Not an entry yet
            h = line.split(",")[-1].strip()
            if hashes_dict.get(h, "") == "":
                hashes_dict[h] = []

            # Add line number to list
            hashes_dict[h].append(line.rstrip())

time_passed = time.time() - start_time
print("Hashes dict. generated after   " + str(time_passed) + " sec.")


# Read wordlist
with codecs.open("rockyou.txt", "r", "utf-8", errors="ignore") as f:
    rt = { md5(candidate.encode("utf-8")).hexdigest() : candidate for candidate
in f.read().split("\n") }

time_passed = time.time() - start_time
print("Rainbow table generated after " + str(time_passed) + " sec. \n")
```

Crack Hashes

```python
for h in hashes_dict.keys():
    cleartext = rt.get(h, None)
    if cleartext != None:
        for line in hashes_dict[h]:
            print(line + "," + cleartext)
            cracked += 1


time_passed = time.time() - start_time
print(str(cracked) + " hashes cracked after " + str(time_passed) + " sec. \n")
```

Hier habe ich nach dem Laden der Wortliste eine Rainbowtable im Speicher erstellt. Natürlich könnte man das vorab machen, aber auf diese Weise sehen wir gut, wie lange das Laden und Verarbeiten an sich dauert.

py.exe -3.8 betterpwcracker_v3.py
Hashes dict. generated after   0.073001712036132812 sec.
Rainbow table generated after 34.860852003097534 sec.

17,12345,1,1.2.3.4,street,7,1980/12/12,e@mail.com,name,login,img.jpg,fr,xxx,e10adc39
49ba59abbe56e057f20f883e,123456
57,12345,1,1.2.3.4,street,11,1980/12/12,e@mail.com,name,login,img.jpg,fr,xxx,e10adc3
949ba59abbe56e057f20f883e,123456
58,12345,1,1.2.3.4,street,9,1980/12/12,e@mail.com,name,login,img.jpg,be,xxx,e10adc39
49ba59abbe56e057f20f883e,123456
453,12345,1,1.2.3.4,street,0,1980/12/12,e@mail.com,name,login,img.jpg,fr,xxx,e10adc3
949ba59abbe56e057f20f883e,123456
505,12345,1,1.2.3.4,street,3,1980/12/12,e@mail.com,name,login,img.jpg,fr,xxx,e10adc3
949ba59abbe56e057f20f883e,123456
579,12345,1,1.2.3.4,street,0,1980/12/12,e@mail.com,name,login,img.jpg,fr,xxx,e10adc3
949ba59abbe56e057f20f883e,123456
592,12345,1,1.2.3.4,street,0,1980/12/12,e@mail.com,name,login,img.jpg,be,xxx,e10adc3
949ba59abbe56e057f20f883e,123456
777,12345,1,1.2.3.4,street,0,1980/12/12,e@mail.com,name,login,img.jpg,fr,xxx,e10adc3
949ba59abbe56e057f20f883e,123456
...
9147 hashes cracked after 34.96879768371582 sec.

Hier brauchen wir kurzfristig ca. 4 GB RAM im Gegensatz zu dem vorherigen Beispiel, das mit 20-25 MB an RAM auskam.

Die Verarbeitung haben wir wieder umgedreht, weil es nun einfacher ist, 17.227 Abfragen durch-zuführen, als die ganzen 14 Millionen Datensätze der Wortliste abzuarbeiten.

Wir sehen nun, dass das Knacken der Daten auf einen Sekundenbruchteil zusammenschrumpft und über 99% der Ausführungszeit nur noch für das Generieren der Rainbowtable aufgewendet wird. Diese könnte man nun mit mehreren Threads generieren, aber dann wird die Festplatte zum Flaschenhals, denn diese kann nicht gleichzeitig Daten an so viele Threads liefern.

Also bräuchten wir mehrere Datenträger, über die wir die Last verteilen können.

Sie sehen also, wie schnell die Anforderungen und der Aufwand und der Ressourcenbedarf explo-dieren, wenn wir einen bestimmten Punkt überschreiten. Ich erlebe auch immer wieder bei realen Projekten, dass Entwickler so auf ein Problem fokussiert sind, dass Sie nicht merken, dass ab einem bestimmten Punkt die Hardware zum Limit wird.

Es macht auch keinen Sinn, ab einem bestimmten Punkt weiter zu optimieren - denken wir dazu über den Zweck eines solchen Programmes nach. Ich sehe so ein Script als Mittel, um bei einer Präsentation der Ergebnisse eines Pentests zu zeigen, wie ein Passwortknacker funktioniert und auch zu demonstrieren, warum Passwortrichtlinien so wichtig sind. Also untersuchen wir die drei Tools in Bezug auf diese Punkte:

Die erste Version würde keinen besonderen Eindruck machen, wenn in den ersten fünf Minuten nur ein oder zwei Accounts offengelegt werden. Niemand würde tagelang auf das Ergebnis war-ten.

Version zwei sieht besser aus, hier haben wir zwar immer noch mehrere Tage Laufzeit, aber die ersten Accounts mit den schlechtesten Passwörtern werden in Sekunden offengelegt und in wenigen Minuten hätten wir eine stattliche Liste erstellt und die allerschlechtesten Passwörter geknackt. Dies würde eher den Effekt haben, der gewünscht wird.

Version drei wäre mein Favorit - hier haben wir in etwas mehr als einer Minute 9.147 Accounts geknackt und die Geschwindigkeit in Verbindung mit dieser Menge an Userkonten würde defini-tiv die entsprechende Wirkung erzielen.

Die Unvernunfst-Variante verbraucht meiner Meinung nach viel zu viel Speicher und selbst wenn man es mit Multithreading und vorab definierten Rainbowtables schaffen würde, die Ausführungszeit noch weiter zu reduzieren, sehe ich keinen Wert darin. Es ist einfach irrelevant, ob wir in 75 oder 15 Sekunden die über 9.147 Accounts knacken. Wenn wir viele Listen nacheinander knacken müssten, würde diese Variante eventuell wieder Sinn machen, sofern die Ressourcen zur Verfügung stehen.

Dienste, die das Knacken von Hashwerten anbieten, arbeiten zB auf diese Weise. Dank Caching können möglichst viele Kunden in möglichst kurzer Zeit abgearbeitet werden und dies auch noch auf relativ moderater Hardware.

Das erinnert mich aber auch an ein Tool, das wir für einen Kunden entwickelt haben. Dieses musste einige Listen miteinander verrechnen. Hierbei wurde eine Liste auf hunderte andere Listen angewandt und das diese zwar lang, aber nicht so lang wie diese Passwortliste war, haben wir einen sehr ähnlichen Ansatz verwendet. Hierbei wurde die Liste als Dictionary im Speicher abgelegt, sodass wir die einzelnen Werte nicht mehr mit der `index`-Methode welche ein $O(n)$ darstellt, durchlaufen mussten.

Es gibt durchaus Situationen, in denen ein derartiges Vorgehen angebracht ist und wenn wir dies mit einem Dictionary kombinieren und dann mit `.get(index, default-value)` direkt auf Werte zugreifen können, dann sehen wir hier schön, wie drastisch das die Laufzeit verkürzt.

In einigen Fällen ist die Reihenfolge der Datensätze wichtig, das heißt aber nicht, dass wir diese in der entsprechenden Reihenfolge verarbeiten müssen. Man kann die Ergebnisse nachträglich wieder sortieren oder die Zeilen in einer Liste speichern und nur die Hashwerte als Schlüssel und die Indexziffern als Werte in ein Dictionary extrahieren.

Somit kann man durch `.get()` die Indexziffern ermitteln und dann die Werte in der Liste ergänzen. Somit bleibt die Reihenfolge erhalten und der Speicherbedarf würde nicht extrem ansteigen.

HASHING GENAUER BETRACHTET - DAS GEHEIMNIS HINTER SET & DICT

Wir haben Hasing bereits benutzt, ohne näher darauf einzugehen. Damit meine ich nicht das Berechnen der MD5 Hashwerte sondern das Mapping von Hashwerten zu den Einträgen, welches wir in einem Dictionary verwendet haben.

Damit war es uns möglich, einen Eintrag in O(1) zu finden ohne eine lineare Suche, wie es der in-Operator macht oder eine binäre Suche wie zuvor gezeigt durchzuführen.

Der Nachteil ist hierbei, dass wir uns die Geschwindigkeit mit etwas höherer Speicherauslastung erkaufen. Auch das haben wir in dem Unvernunfts-Beispiel gesehen.

Eine weitere Möglichkeit, Hashing zu nutzen, ist der Datentyp set mit dem wir auch bereits gearbeitet hatten. Daher wird es höchste Zeit, das Konzept dahinter genauer anzusehen. Die Idee dahinter haben wir auch bereits kennengelernt, aber nicht näher betrachtet.

Also sehen wir uns zunächst an, wie man ein Set nachbauen kann:

```
>>> l = ["a", "b", "c", "a"]
>>> s = { i.__hash__() : i for i in l }
>>> print(s)
{4525402413878841582: 'a', -5062145818021237746: 'b',
 -8858842950070585632: 'c'}
```

Hier haben wir zuerst eine Liste namens l angelegt und diese mit den vier Werten a, b, c und a vorbelegt. Bei der Umwandlung in ein Dictionary haben wir eine Comprehension verwendet die den Hash eines Listeneintags (i) mit der __hash__() Methode ermittelt und diesen als Key verwendet.

Damit wurde das zusätzliche a am Ende der Leiste entfernt bzw. wurde das erste a mit dem zweiten a überschrieben. Das Set ist intern etwas anders organisiert aber die Idee dahinter ist die Gleiche. Den in-Operator könnten wir wie folgt nachempfinden:

```
>>> bool(s.get("a".__hash__(), ""))
True
>>> bool(s.get("x".__hash__(), ""))
False
```

Hierbei machen wir uns zunutze, dass alle Werte außer dem Leerstring ("") und der Ziffer 0 in True umgewandelt werden. Wir brauchen also nur das bereits bekannte .get() verwenden, um entweder einen Wert oder einen Leerstring zu erhalten. Den Key, den wir abfragen, errechnen wir mit .__hash__() des gesuchten Stings.

Ein Set nutzt übrigens genau die hier gezeigte Methode __hash__()! Wenn Sie also eigene Klassen in ein Set einfügen wollen, dann müssen Sie diese Methode implementieren!

Damit wird auch klar, warum ein Set keine doppelten Einträge zulässt. Den extremen Geschwindigkeitsvorteil, den es bringt, Einträge in O(1) suchen zu können, haben wir bereits gesehen.

Wie bei unserem Passwortknacker wollen wir aber keine Einträge verlieren. Darum hatten wir ein Dictionary erstellt, dass den Hashwert als Key und eine Liste der Zeilen als Werte beinhaltete.

Damit können wir immer noch Einträge in O(1) suchen, haben aber dennoch alle Daten zur Verfügung und verlieren keine Zeilen. In den Beispieldaten hatten viele Personen gleiche Passwörter verwendet und daher hatten manche Hashwerte mehrere Einträge. In seltenen Fällen könnte es vorkommen, dass zwei unterschiedliche Strings den gleichen Hashwert produzieren. So etwas nennt man eine Hash-Kollision und auch wenn diese sehr selten auftreten, kann man sie nicht gänzlich ausschließen.

Daher kann beim Einsatz dieser Technik zumindest in der Variante, die ein Set verwendet, theoretisch der eine oder andere Datensatz verloren gehen. Das sollte man unbedingt wissen, denn sollte ab und an ein Datensatz aus diesem Grund verloren gehen, kann dies zu eine extrem schwer zu findenden Fehler führen!

Ein weiterer wichtiger Punkt ist, dass __hash__() bei jedem neuen Programmstart wieder andere Werte für die gleichen Strings errechnen wird. Aus Sicherheitsgründen werden für die Hashberechnung bei jedem Start des Interpreters ein paar zufällige Startwerte gesetzt, die dafür sorgen, dass die Ergebnisse immer anders sind.

Während das Programm läuft, werden die Hashwerte immer gleich berechnet, aber wenn Sie Hashwerte über einen Programmdruchlauf hinweg benötigen, dann müssen Sie unbedingt auf andere Hasfunktionen wie MD5, SHA, CRC, etc. zurückgreifen!

Aber wie arbeiten set und dict intern?

Hashing ist auch die Basis für diese Datentypen. Auch darum wurde dafür gesorgt, dass die Zahlenwerte bei jedem Programmstart zufällig sind, denn sonst könnte man gezielt Informationen überschreiben und so zB Zugriffsrechte oder Ähnliches manipulieren.

Um dies besser zu verstehen, müssen wir uns ansehen, wie ein Dicionary im Speicher abgelegt wird. Auch dazu habe ich in C eine sehr primitive Version von Hash-Tabellen erstellt, die in zwei C-Arrays die Keys und Values speichern:

```c
#include <stdio.h>
#include <string.h>
#define TABLE_LENGTH 10

int hash(char *str){
    int offset = 0;
    for(int i = 0; i < strlen(str); i++){
        offset += (int) str[i];
    }
    return offset % TABLE_LENGTH;
}

int main(){
    // Create simple hash tables
    int    val_hash_tbl[TABLE_LENGTH] = {0,0,0,0,0,0,0,0,0,0};
    char *key_hash_tbl[TABLE_LENGTH] = {"","","","","","","","","",""};

    // Set key-value-pairs
    key_hash_tbl[hash("Mark")]   = "Mark";
    val_hash_tbl[hash("Mark")]   = 39;

    key_hash_tbl[hash("Alicia")] = "Alicia";
    val_hash_tbl[hash("Alicia")] = 35;

    // Get values of the hash table
    printf("Mark   is %i years old \n", val_hash_tbl[hash("Mark")]);
    printf("Alicia is %i years old \n", val_hash_tbl[hash("Alicia")]);
    printf("\n");
```

```
// Print all hash table
for(int i = 0; i < TABLE_LENGTH; i++){
    printf("%i :: %6s => %i \n", i, key_hash_tbl[i], val_hash_tbl[i]);
}

return 0;
}
```

Ich möchte betonen, dass wir hier sehr weit weg sind von dem, was der Python-Interpreter genau macht, denn in Python sind Dictionaries sehr wichtig und vieles nutzt intern diesen Datentyp und darum wird viel optimiert bei diesem Datentyp.

Sie können diesen wieder Code unter https://www.mycompiler.io/new/c testen.

Die Grundidee dahinter ist eine sogenannte Hash-Tabelle. Hierbei wird eine Hash-Funktion verwendet, die einen Key zu einem Offset-Wert für eine Liste bzw. ein Array generiert.

Hier in unserem Beispiel nimmt die Funktion hash(char *str) den Pointer zu einem String entgehen und durchläuft diesen String dann Zeichen für Zeichen. Dabei wird das jeweilige Zeichen in einen Zahlenwert umgewandelt ((int) str[i]) und diese werden dann aufsummiert (offset += ...).

An Ende der Funktion geben wir das Ergebnis der Modulo-Division offset % TABLE_LENGTH zurück, womit wir dann den String auf einen Offset bzw. auf eine Indexziffer für das Array gemappt haben. Das Problem ist hierbei, dass es zu Hash-Kollisionen kommen kann. Wenn wir zB ein printf("%i \n", hash("Sam")); oder printf("%i \n", hash("Martin")); in den Code einfügen und beide Aufrufe der Funktion hash() liefern die Indexziffer 9 genau wie Alicia.

Das ist bei dieser sehr primitiven Hash-Funktion aber auch kein Wunder. Wir sehen dennoch sehr gut, dass es wichtig ist, dass eine Hash-Funktion die Werte gut verteilt und sobald eine Tabelle eine gewisse Anzahl an Einträgen überschreitet, wird diese vergrößert, um mehr Platz für eine Verteilung der Werte zu schaffen und so Hash-Kollisionen zu vermeiden.

Im Hauptprogramm (int main()) werden dann zuerst die Arrays val_hash_tbl und key_hash_tbl mit einer 0 bzw. einem Leerstring für jedes Element initialisiert.

Dann werden die zwei Arrays mit Namen und dem Alter der Personen befüllt.

Danach werden die Werte ausgegeben und am Ende geben wir ein einer for-Schleife alle Einträge der zwei Array aus. Damit lautet die Ausgabe:

```
Mark    is 39 years old
Alicia is 35 years old

0 ::           => 0
1 ::           => 0
2 ::           => 0
3 ::           => 0
4 ::           => 0
5 ::    Mark => 39
6 ::           => 0
7 ::           => 0
8 ::           => 0
9 :: Alicia => 35
```

Wie wir sehen, wurden den Keys an Position 5 der String Mark zugewiesen und den Values an Position 5 der Wert 39. An der Position 9 finden wir den String Alicia im key_hash_tbl Array und den Wert 35 im val_hash_tbl Array.

Damit wird klar, wie dies intern funktioniert und warum ein Anfragen der Werte so schnell ist denn egal ob wir 10 oder 10 Millionen Einträge haben - wir müssen keine Liste durchlaufen, sondern nur die Indexziffer mit der Hash-Funktion für den gesuchten Key errechnen und dann damit auf den entsprechenden Eintrag zugreifen.

Genau das macht ein Set oder ein Dictionary so performant beim Anfragen von Werten.

Abgesehen von Hashing gibt es aber einige clevere Datenstrukturen, die ebenfalls für eine sehr große Performancesteigerung sorgen können. Und einige Vertreter dieser Datenstrukturen wollen wir uns in den folgenden Kapiteln ansehen.

DIE DOUBLE ENDED QUEUE

Ein oft missverstandener Datentyp ist die verkettete Liste, linked List oder auch Double Ended Queue. Dies ist eine sehr spezielle Datenstruktur, die Elemente nicht wie eine List im Speicher nacheinander anordnet, sondern zu jedem Element einen Verweis zum vorherigen und nachfolgenden Element enthält.

Man kann sich dies wie folgt vorstellen:

```
[START] <---> [A] <---> [B] <---> [D] <---> [END]
```

Fügt man nun ein Element hinzu (hier zB das C zwischen B und D) müssen nur die Verweise des vorherigen und nachfolgenden Elements angepasst werden. Darum müssen keine Elemente im Speicher verschoben werden.

```
                    ┌-> [C] <-┐
                    V         V
[START] <---> [A] <---> [B]        [D] <---> [END]
```

Daher meinen viele Entwickler, dass dieser Datentyp besonders gut geeignet ist, Elemente an beliebiger Stelle anzufügen. Um die Vor- und Nachteile dieser Datenstruktur zu untersuchen, habe ich folgenden Code erstellt:

```python
import time, codecs
from collections import deque

d = deque()
l = []

# prepending in deque
start_time = time.time()
with open("hashes.txt", "r") as f:
    for pw_hash in f:
        d.appendleft(pw_hash)

time_passed = time.time() - start_time
print(f"Prepending in deque took {time_passed} sec.")
```

```python
# prepending in list
start_time = time.time()
with open("hashes.txt", "r") as f:
    for pw_hash in f:
        l.insert(0, pw_hash)

time_passed = time.time() - start_time
print(f"Prepending in list took  {time_passed} sec. \n")


# appending in deque
start_time = time.time()
with open("hashes.txt", "r") as f:
    for pw_hash in f:
        d.append(pw_hash)

time_passed = time.time() - start_time
print(f"Appending in deque took {time_passed} sec.")


# appending in list
start_time = time.time()
with open("hashes.txt", "r") as f:
    for pw_hash in f:
        l.append(pw_hash)

time_passed = time.time() - start_time
print(f"Appending in list took  {time_passed} sec. \n")


# insert in deque
start_time = time.time()
with open("hashes.txt", "r") as f:
    for pw_hash in f:
        d.insert(len(d) // 2, pw_hash)

time_passed = time.time() - start_time
print(f"Inserting in deque took {time_passed} sec.")
```

```python
# insert in list
start_time = time.time()
with open("hashes.txt", "r") as f:
    for pw_hash in f:
        l.insert(len(l) // 2, pw_hash)

time_passed = time.time() - start_time
print(f"Inserting in list took  {time_passed} sec. \n")



# accessing an index in deque
start_time = time.time()
with open("hashes.txt", "r") as f:
    for pw_hash in f:
        val = d[6789]

time_passed = time.time() - start_time
print(f"Accessing an index in deque took {time_passed} sec.")

# accessing an index in list
start_time = time.time()
with open("hashes.txt", "r") as f:
    for pw_hash in f:
        val = l[6789]

time_passed = time.time() - start_time
print(f"Accessing an index in list took  {time_passed} sec. \n")



# "pop(0)" in deque
start_time = time.time()
with open("hashes.txt", "r") as f:
    for pw_hash in f:
        d.popleft()

time_passed = time.time() - start_time
print(f"Pop of the 1st element in deque took {time_passed} sec.")
```

```
# pop(0) in list
start_time = time.time()
with open("hashes.txt", "r") as f:
    for pw_hash in f:
        l.pop(0)

time_passed = time.time() - start_time
print(f"Pop of the 1st element in list took  {time_passed} sec. \n")
```

Einige Ergebnisse überraschen uns auf den ersten Blick:

```
Prepending in deque took 0.014051437377929688 sec.
Prepending in list took  0.5040035247802734 sec.

Appending in deque took 0.008999347686767578 sec.
Appending in list took  0.012999773025512695 sec.

Inserting in deque took 0.26502442359924316 sec.
Inserting in list took  0.09798741340637207 sec.

Accessing an index in deque took 0.011046575546264648 sec.
Accessing an index in list took  0.007999658584594727 sec.

Pop of the 1st element in deque took 0.009000778198242188 sec.
Pop of the 1st element in list took  0.9179708957672119 sec.
```

Wenn dir darüber nachdenken wie eine deque in Python arbeitet, wird aber schnell klar, woran das liegt!

Das Hinzufügen von Werten am Anfang der Liste ist durchaus verständlich, denn hier müssen wir nicht alle vorhandenen Elemente im Speicher verschieben wie bei einer Liste. Es reicht, das neue Element anzufügen und die Verweise zu ändern.

Wir haben weiters bereits gelernt, dass wir bei der Liste den Speicher schrittweise erhöhen. Daher muss die gesamte Liste alle paar Einträge auf einen neuen Speicherbereich kopiert werden. Dies ist bei der deque nicht der Fall! Genau darum ist auch das Anhängen von Elementen an die Liste schneller. Die append-Methode ist zwar bei beiden Datentypen als O(1) angegeben, aber bei der deque ist es eben ein schnelleres O(1)!

Was viele überraschen wird, ist das das Einfügen von Elementen in der Mitte der Liste bei der deque fast dreimal so lange dauert. Um dies zu verstehen, müssen wir uns ansehen, wie Listen und eine verknüpfte Liste die Position eines Elements ermitteln.

Bei der Liste liegen alle Elemente in Speicher nacheinander. So haben wir in Python einfach einen Pointer nach dem anderen im Speicher. Damit lässt sich anhand des Index-Wertes die Position errechnen. Indem man den Index-Wert mit der Pointergröße multipliziert, erhält man den Offset und Startadresse + Offset ergibt dann das erste Byte des Eintrags. Das ist also ein O(1).

Bei der deque ist nur der Start- und Endpunkt bekannt sowie die Anzahl der Elemente. Damit kann man bestimmen, ob der gewünschte Eintrag näher am Anfang oder am Ende der deque liegt. Dann muss sich der Interpreter von einem Ende aus bis zu dem gewünschten Eintrag voranhangeln, indem er den jeweiligen Verweisen folgt. Damit wird das Zugreifen auf einen Index ein O(k), wobei im besten Fall das k der Zahl 1 entspricht, wenn wir auf den Start oder das Ende zugreifen und im schlechtesten Fall entspricht k der Hälfte der Elemente, wenn wir auf das mittlere Element zugreifen. Daher kann man dies auch als O(n) ansehen, denn je länger die Liste wird, umso langsamer wird der Zugriff auf einen Index.

Wurde denn der Eintrag ermittelt, muss der neue Eintrag im Speicher angelegt und die Verweise geändert werden.

Das können wir auch gut sehen, wenn wir die Zeiten ansehen, die eine Liste und ein deque benötigen, um auf den Index 6789 zuzugreifen. Würden wir diesen Index auf zB 50 abändern, wäre der Zeitunterschied deutlich geringer. Sie können dies gerne selbst ausprobieren!

Bei einem .pop(0) bzw. .popleft(), wie es bei der deque heißt, ist der Unterschied wieder sehr groß. Das zeigt uns auch sehr gut, wofür dieser Datentyp eigentlich gut geeignet ist.

Das Einfügen von Daten, wie es oft beim Sortieren benötigt wird, ist wie wir sehen, keinesfalls die Stärke einer verketteten Liste, auch wenn diese oftmals fälschlicherweise für genau das verwendet wird!

Die Stärke liegt vor allein in der Verwendung als LIFO-Liste (Last In First Out) wie man dies bei Warteschlangen benötigt. Neue Einträge werden hinten angefügt und die ältesten Einträge werden vom Anfang zur Bearbeitung entnommen.

Aber auch bei FIFO-Listen (First In First Out) kann man hier ein wenig Performance gewinnen, denn das Kopieren der Liste im Speicher entfällt, wenn diese wächst oder schrumpft.

Dies ist aber auch ein gutes Beispiel dafür, wie wichtig der richtige Datentyp für den richtigen Anwendungsfall ist.

DIE PRIORITYQUEUE - PRIORISIERUNG BEI DER VERARBEITUNG

Oftmals kommt es vor, dass die Verarbeitung nicht linear vom Anfang zum Ende der Daten oder Anfragen erfolgen soll, sondern nach ihrer Priorität.

Dabei ist es in der Regel erforderlich, dass die Liste immer anhand der Priorität sortiert ist, um jederzeit den entsprechend dringendsten Datensatz entnehmen und verarbeiten zu können.

```python
import time, codecs, random
from queue import PriorityQueue

dummy_data = [random.randint(1, 10) for i in range(17227)]

# list
lst = []
start_time = time.time()
for entry in dummy_data:
    lst.append(entry)
    lst.sort()

time_passed = time.time() - start_time
print(f"Creating a list took  {time_passed} sec.")


# dict
dct = {}
start_time = time.time()
for entry in dummy_data:
    if not dct.get(entry, False):
        dct[entry] = []
    dct[entry].append("")

time_passed = time.time() - start_time
print(f"Creating a dict took  {time_passed} sec.")


# queue
que = PriorityQueue()
start_time = time.time()
```

```
for entry in dummy_data:
    que.put(entry)

time_passed = time.time() - start_time
print(f"Creating a queue took {time_passed} sec. \n")
```

Um die Geschwindigkeit beim Anlegen einer solchen Struktur zu testen, habe ich die `Priority-Queue` mit einer Liste und einem Dictionary verglichen. Eine Liste ist im Grunde nicht mal geeignet, um den Zusammenhang zwischen einem Datensatz und einer Priorität abzubilden. Ich habe sie hier nur als Referenzwert genommen, um zu zeigen, wie viel Performanter ein Dictionary oder eine `PriorityQueue` arbeiten.

```
Creating a list took  1.7655835151672363 sec.
Creating a dict took  0.0156242847442627 sec.
Creating a queue took 0.0937492847442627 sec.
```

Wie Sie sehen, wurde einiges an Performance aus der `PriorityQueue` herausgeholt im Vergleich zu einer Liste, die immer wieder neu sortiert werden muss. Das ist im Grunde auch genau wie die `PriorityQueue` funktioniert. Daten werden automatisch nach der Priorität sortiert und stehen jederzeit in der richtigen Reihenfolge bereit.

Wir sehen aber auch, dass ein Dictionary nochmals schneller ist. Hier muss nichts sortiert werden, sondern man kann direkt den Prioritäten weitere Werte anfügen. Da in diesem Fall eher eine FIFO Liste Sinn machen würde, können wir hier auch eine `deque` statt der herkömmlichen Liste verwenden.

Die Zufallszahlen, die Daten simulieren, habe ich für dieses Beispiel vorab generiert und in einer List abgelegt, damit immer die gleichen Daten verarbeitet werden und somit keine Unterschiede entstehen, damit die Ergebnisse besser vergleichbar sind.

Als Nächstes wollen wir uns ansehen, wie es sich bei der Verarbeitung von Daten verhält und vor allem wollen wir sehen, wie wir Priorität und Daten in der `PriorityQueue` verbinden:

```
import time, codecs, random
from queue import PriorityQueue

dummy_priority = [random.randint(1, 10) for i in range(17227)]
```

```python
# Read entries in Queue-Dict
dct = {}
start_time = time.time()
ctr = 0
with open("hashes.txt", "r") as f:
    for line in f:
        if not dct.get(dummy_priority[ctr], False):
            dct[dummy_priority[ctr]] = []
        dct[dummy_priority[ctr]].append(line)
        ctr += 1

time_passed = time.time() - start_time
print(f"Reading data into dict  took {time_passed} sec.")


# Read entries in PriorityQueue
que = PriorityQueue()
start_time = time.time()
ctr = 0
with open("hashes.txt", "r") as f:
    for line in f:
        que.put((dummy_priority[ctr], line))
        ctr += 1

time_passed = time.time() - start_time
print(f"Reading data into queue took {time_passed} sec. \n")


# Process entries in Queue-Dict
start_time = time.time()
ctr = 0
for prio in range(1, 11):
    for entry in dct[prio]:
        ctr += 1

time_passed = time.time() - start_time
print(f"Processing data from dict  took {time_passed} sec. for {ctr} entries")
```

```
# Process entries in PriorityQueue
start_time = time.time()
ctr = 0
while not que.empty():
    que.get()
    ctr += 1

time_passed = time.time() - start_time
print(f"Processing data from queue took {time_passed} sec. for {ctr} entries
\n")
```

... der `PriorityQueue` wird einfach ein Tupel aus Priotität und Datensatz übergeben.

Auch hier wurden die Prioritäten wieder zuvor generiert, um mit einheitlichen Daten zu arbeiten.

```
Reading data into dict  took 0.04687285423278809 sec.
Reading data into queue took 0.07999880790710449 sec.

Processing data from dict  took 0.0120451875213317 sec. for 17227 entries
Processing data from queue took 0.1874957084655762 sec. for 17227 entries
```

Dank dem Overhead, den die Liste verursacht, ist das Anlegen der Datensätze nun nicht mehr um den Faktor 5,8 schneller beim Dictionary, sondern nur noch um den Faktor 1,7. Sie können hier an dieser Stelle gerne versuchen, eine `deque` zu verwenden.

Vor allem wenn eine FIFO Liste benötigt würde, wäre dies deutlich performanter.

Die `PriorityQueue` baut auf dem Modul `heapq` auf und setzt ein Konzept um, das als Heap Queue Algorithmus bezeichnet wird. Hierbei werden Einträge in einer Baumstruktur organisiert und neue Elemente werden am unteren Ende des Baumes angefügt und tauschen dann den Platz mit dem jeweils oberen Element so lange das jeweils obere Element größer ist.

So kann ein neues Element in wenigen Schritten einsortiert werden. Wird das oberste Element entfernt, dann wird das letzte Element auf die oberste Position gesetzt und tauscht so lange den Platz mit den darunterliegenden Elementen, bis die darunterliegenden Elemente im Baum größer sind.

Das Konzept ist ähnlich wie die binäre Suche etwas abstrakter und weniger einleuchtend auf den ersten Blick aber wenn Sie ein entsprechendes Beispiel einmal durchgespielt haben, dann wird

Ihnen schnell klar, dass je mehr Elemente es im Baum gibt, umso schneller kann ein neues Element einsortiert werden und umso schneller kann der Baum reorganisiert werden, wenn das oberste Element entfernt wird. Für alles Weitere verweise ich an dieser Stelle auf die Dokumentation:

`https://docs.python.org/3/library/heapq.html`

EXKURS - BINÄRE SUCHBÄUME

Diese clever aufgebaute Datenstruktur basiert auf einer Baumstruktur. Hierbei landen die kleineren Werte im linken Ast und die größeren Werte im rechten Ast:

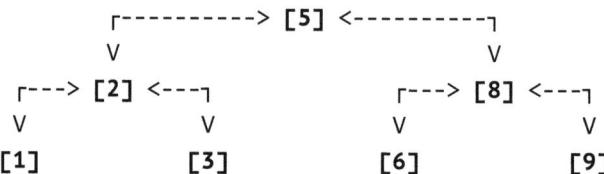

Suchen wir nun beispielsweise die Ziffer 9 in der Liste, welche als letzte hinzugefügt wurde, dann brauchen wir nur am Anfang zu beginnen und da 9 > 5 ist, folgen wir dem rechten Ast zur Ziffer 8. Hier gilt dann wieder 9 > 8 und im rechten Ast werden wir dann fündig.

Obwohl wir 7 Elemente in dieser Datenstruktur haben, brauchten wir nur 3 Schritte, um die gewünschte Zahl zu finden. Wir haben hier also ein $O(\log n)$ im Normalfall.

Das Problem hierbei ist, dass wir keine Verzweigungen erhalten, wenn wir Daten in sortierter Reihenfolge hinzufügen, denn dann wird immer nur ein einziger Zweig befüllt und wir erhalten wieder eine Liste, die in $O(n)$ durchsucht wird.

Daher gibt es einige Weiterentwicklungen der binären Suchbäume wie die AVL- oder Rot-Schwarz-Bäume. Diese prüfen die Länge der einzelnen Äste und wenn ein Ast zu lange wird, werden die Daten umsortiert, um wieder eine möglichst gute Verästelung der Daten zu erhalten.

Wenn es Sie nun nicht sehr beeindruckt, statt 7 nur 3 Abfragen abzuarbeiten, dann sehen wir uns kurz an, wie sehr sich die maximale Anzahl von Werten mit den Ebenen steigert:

```python
def sum(lvl):
    s = 1
    for i in range(lvl - 1):
        s += 2 << i
    return(s)

for i in [3, 5, 10, 20, 30, 40]:
    print(f"{i:2} :: {sum(i):10}")
```

Damit erhalten wir die maximale Anzahl der Datensätze in Verbindung mit den Ebenen:

```
 3 ::          7
 5 ::         31
10 ::       1023
20 ::    1048575
30 :: 1073741823
```

Bei 10 Ebenen haben wir bereits über 1000 Datensätze abgedeckt und bei 20 Ebenen schon über 1 Million! Die Steigerung der Datensätze um den Faktor 1.000 sorgt also nur für eine Verdoppelung der Schritte und eine weitere Steigerung um ca. das 1.000 - fache lässt die Anzahl der Schritte nur noch um 50% ansteigen.

Die Kurve, in der sich die Ausführungszeit im Idealfall steigert, flacht also dramatisch ab. In der Realität haben wir natürlich entsprechenden Overhead für die Speicherverwaltung und andere Hintergrundprozesse. Daher wollen wir uns nun einem praktischen Beispiel zuwenden.

In Python gibt den Datentyp der Suchbäume nicht direkt, aber Datenstrukturen, die dem nahe kommen und in der Regel als Ersatz für Suchbäume verwendet werden, sind `SortedDict`, `SortedList` und `SortedSet`.

Aber wenden wir uns nun der Praxis zu...

DIE SORTEDLIST

Diese Datenstruktur wird in der Regel als Ersatz für einen Suchbaum genommen und auch wenn sich der interne Aufbau unterschiedet, ist die Performance gleichwertig.

Alle, die es ganz genau wissen wollen, verweise ich an dieser Stelle an die Dokumentation, die sowohl den internen Aufbau erklärt als auch diverse Performance-Vergleiche bietet:

`http://www.grantjenks.com/docs/sortedcontainers/implementation.html`

Um die Performance mit einem Set und einer Liste zu vergleichen, nehmen wir folgenden Code:

```
import time, codecs
from hashlib import md5
from sortedcontainers import SortedList

# Read hashes and generate list
with open("hashes.txt", "r") as f:
    hashes_list = SortedList(f.read().split("\n"))


# Crack Hashes in SortedList
cracked = 0
start_time = time.time()
with codecs.open("rockyou.txt", "r", "utf-8", errors="ignore") as f:
    for candidate in f:
        cand_hash = md5(candidate.rstrip("\n").encode("utf-8")).hexdigest()

        if cand_hash in hashes_list:
            cracked += 1

time_passed = time.time() - start_time
print(str(cracked) + " hashes cracked in " + str(time_passed) + " sec. from a
SortedList")


# Convert to set
hashes_set = set(hashes_list)
```

```
# Crack Hashes in set
cracked = 0
start_time = time.time()
with codecs.open("rockyou.txt", "r", "utf-8", errors="ignore") as f:
    for candidate in f:
        cand_hash = md5(candidate.rstrip("\n").encode("utf-8")).hexdigest()

        if cand_hash in hashes_set:
            cracked += 1

time_passed = time.time() - start_time
print(str(cracked) + " hashes cracked in " + str(time_passed) + " sec. from a
set")


# Convert to list
hashes_list = list(hashes_list)


# Crack Hashes in list
cracked = 0
start_time = time.time()
with codecs.open("rockyou.txt", "r", "utf-8", errors="ignore") as f:
    for candidate in f:
        cand_hash = md5(candidate.rstrip("\n").encode("utf-8")).hexdigest()

        if cand_hash in hashes_list:
            cracked += 1

time_passed = time.time() - start_time
print(str(cracked) + " hashes cracked in " + str(time_passed) + " sec. from a
list")
```

Die Ergebnisse sprechen für sich:

```
6367 hashes cracked in   98.1491541862488 sec. from a SortedList
6367 hashes cracked in   71.0713429450989 sec. from a set
6367 hashes cracked in 9551.2137763500210 sec. from a list
```

Auch wenn die Technik den Hash-Tabellen etwas unterlegen ist, sind 98 Sekunden im Vergleich zu 71 Sekunden kein so dramatischer Unterschied wie zu den 9551 Sekunden, die eine herkömmliche Liste benötigte!

Außerdem löst das `SortedSet` das Problem, dass ein herkömmliches `set` nicht in der Lage ist, eine bestimmte Reihenfolge der Daten einzuhalten oder zu garantieren. Hier haben wir wenigstens eine alphabetische Sortierung anstatt der zufälligen Reihung im Set.

Die Sortierung erfolgt hier automatisch, ohne das der Entwickler hierzu extra eine Funktion aufrufen muss. Dies kann man nach dem Ausführen des Programms leicht in der Python-Shell prüfen:

```
>>> for i in range(10):
        print(hashes_list[i])

0004d0b59e19461ff126e3a08a814c33
00086cebf519be6872e0a2d5f59e7637
000a8e84b013655b832041a6f362e5c9
00159cfdb0f25a99844ee7fbd4c39cba
001905a757375ade453d35ff87b2ed08
001cbde142d44c847593210f2fa938da
0020502b719af2f9741cc92e9642d5c2
002aa863747cdb14b57e70051a599f42
002f866190adf7822380c7642b818a87
0030188db90054221dd343cf7cc120bc
```

Außerdem werden diese Datentypen gerne bei der Performanceoptimierung verwendet und wenn Sie auf diese stoßen, wissen Sie nun, dass Hashing ein wenig schneller ist, aber der Unterschied nicht mehr dramatisch ausfallen würde.

Der Nachteil des Hashings ist, dass wir zur Speicherverwaltung immer wieder Listen kopieren müssen und daher erhalten wir viele Male eine Laufzeit von O(1) und einige weniger male eine Laufzeit von O(n). Das liegt einfach an der Speicherverwaltung im Hintergrund, die immer wieder Listen vergrößern muss und dazu werden diese im Speicher verschoben.

Genau das kann aber zum Problem werden, wenn wir gewisse Timeout-Zeiten nicht überschreiten dürfen. Sehen wir uns dazu einmal folgenden Beispiel-Code an:

```python
import sys, time
from sortedcontainers import SortedSet
from BTrees.OOBTree import OOBTree
from collections import deque

max_vals = 50000000


ts = time.time()
s = set()
print("TESTING THE SET")
for i in range(max_vals):
    start_time = time.time()
    s.add(i)
    time_passed = time.time() - start_time
    if time_passed > 0.1:
        print("Adding a value to the set        took 1x " + str(time_passed) +
" sec.")
print(f"DONE in {time.time() - ts} sec.\n")


ts = time.time()
s = SortedSet()
print("TESTING THE SORTEDSET")
for i in range(max_vals):
    start_time = time.time()
    s.add(i)
    time_passed = time.time() - start_time
    if time_passed > 0.1:
        print("Adding a value to the SortedSet took 1x " + str(time_passed) +
" sec.")
print(f"DONE in {time.time() - ts} sec.\n")


ts = time.time()
s = OOBTree()
print("TESTING THE OOBTREE")
for i in range(max_vals):
    start_time = time.time()
```

```
        s.update({i:i})
        time_passed = time.time() - start_time
        if time_passed > 0.1:
            print("Adding a value to the OOBTree    took 1x " + str(time_passed) +
" sec.")
print(f"DONE in {time.time() - ts} sec.\n")



ts = time.time()
s = deque()
print("TESTING THE DEQUE")
for i in range(max_vals):
    start_time = time.time()
    s.append(i)
    time_passed = time.time() - start_time
    if time_passed > 0.1:
        print("Adding a value to the deque     took 1x " + str(time_passed) +
" sec.")
print(f"DONE in {time.time() - ts} sec.\n")
```

Damit erhalten wir folgende Ausgabe:

```
TESTING THE SET
Adding a value to the set        took 1x 0.1139929294586182 sec.
Adding a value to the set        took 1x 0.2158021926879883 sec.
Adding a value to the set        took 1x 0.4403781890869141 sec.
Adding a value to the set        took 1x 1.0307128429412842 sec.
DONE in 28.845507621765137 sec.

TESTING THE SORTEDSET
Adding a value to the SortedSet took 1x 0.1093811988830566 sec.
Adding a value to the SortedSet took 1x 0.1093716621398926 sec.
Adding a value to the SortedSet took 1x 0.2187449932098389 sec.
Adding a value to the SortedSet took 1x 0.4429919719696045 sec.
Adding a value to the SortedSet took 1x 1.4272286891937256 sec.
DONE in 156.8812563419342 sec.

TESTING THE OOBTREE
Adding a value to the OOBTree    took 1x 0.1093771457672119 sec.
```

```
Adding a value to the OOBTree    took 1x 0.1700274944305420 sec.
Adding a value to the OOBTree    took 1x 0.2343730926513672 sec.
Adding a value to the OOBTree    took 1x 0.2813739776611328 sec.
Adding a value to the OOBTree    took 1x 0.3437430858612061 sec.
Adding a value to the OOBTree    took 1x 0.4469695091247559 sec.
Adding a value to the OOBTree    took 1x 0.5799646377563477 sec.
Adding a value to the OOBTree    took 1x 0.7079536914825440 sec.
Adding a value to the OOBTree    took 1x 0.8868408203125000 sec.
Adding a value to the OOBTree    took 1x 1.1086192131042480 sec.
Adding a value to the OOBTree    took 1x 1.4129819869995117 sec.
Adding a value to the OOBTree    took 1x 1.7511868476867676 sec.
DONE in 120.90558409690857 sec.


TESTING THE DEQUE
DONE in 28.889758110046387 sec.
```

Genau dieses Verhalten wurde mir schon zum Verhängnis, als ich an einer Steuerung für ein Elektronikprojekt mit einem Raspberry Pi arbeitete. Bei den Tests lief alles großartig, aber je länger das Programm lief, umso größer wurde ein Fehler. Das lang einfach daran, dass beim Anfügen von Sensorenwerten an eine Liste immer wieder die maximal zulässige Zeit überschritten wurde und so ein Start- oder Stop-Befehl zeitverzögert gesendet wurde.

Hier habe ich dies mit `if time_passed > 0.1` simuliert. Wie Sie sehen, wird es beim Set viermal überschritten und je größer das Set wird, umso länger dauert das Verschieben der Daten im RAM und darum steigt die Zeit auch immer ungefähr um den Faktor 2 an.

Ähnlich verhält es sich beim `SortedSet` und damit haben wir bei dieser Datenstruktur nicht den Vorteil, dass wir neue Daten immer mit $O(\log\ n)$ einfügen können, wie es bei Baumstrukturen wäre. Ich habe dann auch den `OOBTree` aus dem Modul `BTrees` getestet und hier ist der Overhead noch schlimmer.

Dennoch gibt es eine Datenstruktur, die eine konstant gleiche Zeit für das Hinzufügen von Elementen bietet und dies ist die Double Ended Queue (deque)! Wenn also Timeout Zeiten eingehalten werden müssen oder eine konstante Laufzeit unter allen Umständen gewünscht ist dann eine deque das Mittel der Wahl.

So hat dann auch jede andere Datenstruktur einen bestimmten Fall, in dem Sie das optimale Werkzeug ist. Genau darum wollte ich Ihnen diese auch vorstellen.

FALLBEISPIEL 2 - SUCHE NACH HEISSEN ODER KALTEN BITS

In meinem Job als Datenretter kommt es immer wieder vor, dass wir Daten von Speicherkarten oder anderen Flash-Speichern auslesen, die dann beschädigt sind.

Eine der möglichen Ursachen wäre eine kurzgeschlossene Datenleitung, die dann an einer bestimmten Stelle immer eine 0 oder eine 1 liefert anstatt dem eigentlichen Bit. Damit sind alle Daten korrumpiert und unbrauchbar. Die Diagnose, ob ein solcher Fehler vorliegt, dauert mit einem Hex-Editor extrem lange, da man erst bekannte Datenstrukturen (zB Einträge im Dateisystem) finden und identifizieren muss und dann kann man diese Byte für Byte analysieren und sich die Bitmuster ausrechnen und die Ergebnisse mit dem vergleichen, was eigentlich an dieser Stelle stehen sollte.

Automatische Tests müssen sich nur ein kleines Subset an Sektoren ansehen und Byte für Byte errechnen, ob die Anzahl der Bits an einer bestimmten Stelle immer 0% oder 100% ist. Auch das könnte man händisch machen, aber dies macht noch mehr Arbeit als die oben genannte Methode. Genau darum schreiben wir ein Test-Programm für diesen Fall:

```python
import traceback, sys, os
import time

if __name__ == "__main__":
    ts = time.time()
    def get_bits(byte):
        bits = []
        for i in range(8):
            bits.append((byte >> i) & 1)
        return bits

    def read_file(path, max_sectors = 10000):
        sum_bits  = [0,0,0,0,0,0,0,0]
        ctr = 0
        try:
            with open(path, "rb") as f:
                while True:
                    sector = f.read(512)

                    # Skip empty sectors
                    if sector == b"\x00" * 512:
                        continue
```

```python
                # End when there is no more data
                if sector == b"" or sector == None:
                    break

                ctr += 1
                for byte in sector:
                    bits = get_bits(byte)

                    for i in range(8):
                        sum_bits[i] += bits[i]

                # Output progress message
                print(f"Reading no. {ctr} of {max_sectors}", end="\r")
                sys.stdout.flush()

                # End if max. number of sectors are tested
                if ctr >= max_sectors:
                    break

    except FileNotFoundError:
        print(f"FILE {path} NOT FOUND!")
        return 1
    except PermissionError:
        print(f"CAN'T ACCESS FILE {path}!")
        return 2

    line1 = ""
    line2 = ""
    line3 = ""
    for i in range(8):
        res = i
        if ctr*512 == sum_bits[i] or sum_bits[i] == 0:
            res = f"!!!{i}!!!"

        line1 += f"{res:>10} | "
        line2 += f"{sum_bits[i]:10} | "
        line3 += f"{(ctr*512):10} | "
```

```python
        # Print report
        print(f"\n\nREPORT FOR '{path}':")
        print("Counting bits which are 1\n")

        print(f"BITS: {line1}")
        print("-" * 109)
        print(f"ONES: {line2}")
        print(f"MAX.: {line3}\n")


    def usage():
        print("\nUSAGE:\n------")
        print(f"{os.path.basename(sys.argv[0])} /path/to/file.dd [no. of
sectors to test]\n")
        print(f"e.g.: \n{os.path.basename(sys.argv[0])} C:/Users/mark/Desk-
top/file.dd 10000\n")
        quit()


    # Check arguments
    if "-h" in sys.argv or "--help" in sys.argv or len(sys.argv) < 2 or
len(sys.argv) > 3:
        usage()

    try:
        read_file(sys.argv[1], int(sys.argv[2]))
    except IndexError:
        read_file(sys.argv[1])
    except TypeError:
        usage()

    print(f"Processing took {(time.time() - ts)} sec.\n")
```

Auch wenn 21 Sekunden nicht so lange klingen, hat mir ein anderer Datenretter mit seinem Tool gezeigt, das sein Programm, welches in FreeBasic geschrieben wurde, deutlich schneller ist. Danke Franc an dieser Stelle für das interessante Beispiel!

Aber sehen wir uns zuerst die Ausgangs-Situation an:

```
REPORT FOR 'Generic Storage Device 0.dsk':
Counting bits which are 1

BITS:       0 |        1 | !!!2!!! |       3 |       4 |       5 | !!!6!!! |       7 |
-------------------------------------------------------------------------------
ONES: 2516078 | 2489122 |       0 | 2527430 | 2485005 | 2512563 |       0 | 2466419 |
MAX.: 5120000 | 5120000 | 5120000 | 5120000 | 5120000 | 5120000 | 5120000 | 5120000 |

Processing took 21.10382580757141 sec.
```

Mein erster Ansatz war es, mit einem Profiler zu prüfen, was nun genau wie viel Zeit benötigt. Dazu habe ich das Programm wie folgt aufgerufen:

```
py.exe -3.8 -m cProfile -o prof.dat -s cumtime test_good.py Device0.img
```

Und dann kann ich dies direkt in der Python-Console analysieren:

```
>>> import pstats
>>> from pstats import SortKey
>>> p = pstats.Stats('prof.dat')
>>> p.sort_stats(SortKey.CUMULATIVE).print_stats(8)
```

Liefet:

```
        46130269 function calls (46130216 primitive calls) in 31.412 seconds

   Ordered by: cumulative time
   List reduced from 174 to 10 due to restriction <10>

   ncalls  tottime  percall  cumtime  percall filename:lineno(function)
      6/1    0.000    0.000   31.412   31.412 {built-in method builtins.exec}
        1    0.000    0.000   31.412   31.412 test_bad.py:1(<module>)
        1    9.965    9.965   31.406   31.406 test_bad.py:12(read_file)
  5120000   15.509    0.000   20.331    0.000 test_bad.py:6(get_bits)
 40960163    4.822    0.000    4.822    0.000 {method 'append' of 'list' objects}
    10007    1.042    0.000    1.042    0.000 {built-in method builtins.print}
    27609    0.051    0.000    0.051    0.000 {method 'read' of '_io.BufferedReader'}
    10000    0.017    0.000    0.017    0.000 {method 'flush' of '_io.TextIOWrapper'}
```

Es fällt uns sofort auf, dass wir 5,12 Millionen mal die Funktion `get_bits` aufrufen. Analysieren wir diese Funktion genauer, dann sehen wir, das wir den Funktionsaufruf gar nicht brauchen und das somit das Ermitteln der Bits und das Summieren der Bits zusammenlegen können. Gleichzeitig wurden wir damit die fast 41 Millionen Aufrufe von `.append()` los:

```
ctr += 1
for byte in sector:
    for i in range(8):
        # no function call needed
        # process and add in the same loop !!!
        # and no append
        bit = ((byte >> i) & 1)
        sum_bits[i] += bit
```

Damit erhalten wir folgende Zeit:

```
Processing took 13.222178220748901 sec.
```

Gut, das ist schon mal fast die Hälfte. Als Nächstes fällt mir beim Betrachten des Codes auf, dass wir in jedem Schleifendurchlauf prüfen, ob ein Sektor leer ist und hierbei auch gleich immer wider einen leeren Sektor mit `b"\x00" * 512` generieren. Das muss nicht sein, also habe ich die Zeile

```
if sector == b"\x00" * 512
```

wie folgt geteilt:

```
empty_sector = b"\x00" * 512
...
if sector == empty_sector
```

Hierbei wurde der leere Sektor natürlich von der Schleife generiert und nicht wie hier direkt davor. Die . . . stellen also den Code dazwischen dar!

Dies hat in dem Beispiel nur minimal Zeit gebracht, aber je größer der Datensatz wird, umso größer wird auch die Zeiteinsparung:

```
Processing took 13.108174085617065 sec.
```

Ein weiteres Detail, welches mir ins Auge springt, sind die 10007 Aufrufe von print( ). Auch diese benötigen etwas Zeit und daher hab die Ausgabe der aktuellen Position erst nach 10 Sektoren durchgeführt:

```
# Just one flush all 10 sectors to save time
# because print is heavy
if not ctr % 10:
    print(f"Reading no. {ctr} of {max_sectors}", end="\r")
    sys.stdout.flush()
```

Und auch das spart uns nochmals eine Sekunde ein:

```
Processing took 12.100200653076172 sec.
```

Ganz Ungeduldige können auch PyPy nutzen:

```
Processing took 0.9649579524993896 sec.
```

Mein Datenretter-Kollege hat mit seinem Programm in ca. 830 Sekunden die ganzen 30.679.040 Sektoren durchsucht und die Anzahl der Bits mit dem Wert 1 aufsummiert, aber hierbei auch die leeren Bereiche berücksichtigt. Genau das Gleiche hat mit PyPy ca. 8170 Sekunden gedauert, nachdem ich

```
if sector == empty_sector:
    continue
```

auskommentiert hatte!

Ich will hier an dieser Stelle aber etwas zu dem Ansatz und meinen Überlegungen verlieren. Einerseits tragen die leeren Sektoren nicht zu den Daten bei, sondern machen das Ergebnis nur schwerer interpretierbar. Je weniger Daten auf dem Datenträger waren, umso näher ist die Normalverteilung bei 0%.

Bewertet man nur mit Daten gefüllte Sektoren, dann bewegt sich die Anzahl der Bits, die auf 1 Stehen bei ca. 45 - 55%. Im Fehlerfall würden einzelne Bits 0% oder 100% erreichen und daher habe ich auch nachträglich das Programm nochmals abgeändert, damit es Prozentwerte statt der absoluten Zahlen anzeigt. Guter Einwand Franc!

Betrachten wir nun "nur" 10.000 mit Daten befüllte Sektoren, dann erhalten wir nach gut 10 Sekunden Daten, die um 1-2% schwanken im Vergleich zur Betrachtung der ganzen 2.133.000 Sektoren die, dann gut 750 Sekunden dauern würde.

Wir gewinnen also nur 1-2% Genauigkeit, die völlig unnötig ist, da die Werte, die wir unterscheiden wollen, ohnehin entweder 0%, ca. 50% oder 100% sind, ist die 62-fach längere dauernde Abarbeitung der restlichen Sektoren meiner Meinung nach nur Zeitverschwendung.

Python zeichnet sich durch die einfache Entwicklung aus und man muss an vielen Stellen entweder die gesteigerte Ausführungszeit in Kauf nehmen oder sich beim Anwendungsdesign bereits überlegen, welche Genauigkeit benötigt wird bei so einem Test.

Man kann also mit immensem Aufwand alle möglichen Optimierungen mit Cython Modulen, Data Science Modulen und allen anderen möglichen Techniken versuchen, die schnellte Variante zu ermitteln und diese dann umzusetzen und so sehr viel Zeit in Test und Optimierung stecken. Auch das kenne ich aus der Praxis. Man beißt sich an einem sehr großen Datensatz fest und versucht krampfhaft diesen zu verarbeiten und nimmt entsprechende Optimierungen vor, die viel Zeit und Energie kosten. Darüber vergessen viele aber, dass speziell bei Statistiken oftmals ein viel kleinerer Bruchteil der Daten auch schon ausreichend genaue Statistiken liefert.

Auch hier ist die beste Methode oftmals das Gesamtkonzept zu hinterfragen, nachdem augenscheinliche Performancefresser beseitigt wurden. Die hier gezeigten 3 kleinen Optimierungen haben mich keine 5 Minuten gekostet und die Zeit auf fast die Hälfte verkürzt.

Sie können an dieser Stelle gern versuchen, mit Modulen wie Numpy oder einer anderen Methode die Bits zu errechnen, nochmals Zeit einzusparen. Meine pragmatische Lösung war hier der Einsatz von PyPy und wir haben in nicht mal 1 Sekunde die Antwort, die wir brauchen und das entspricht der 25-fachen Geschwindigkeit des Ausgangsbeispiels mit nur 5 Minuten Zeitaufwand.

Das ist dann auch mehr als 830 mal schneller als das `FreeBasic`-Programm, während wir die gesuchten Antworten immer noch genau genug liefern, um keine Zweifel aufkommen zu lassen.

Außerdem ist dies ein schönes Beispiel dafür, wie zeitintensiv Funktionsaufrufe sind, wenn diese in Schleifen erfolgen und sehr oft durchgeführt werden.

C-MODULE MIT CYTHON ERSTELLEN

Cython hat den Vorteil, dass wir damit eigene C-Module erstellen können. Damit können wir den Python-Interpreter verwenden und haben auch keine Kompatibilitätsprobleme mit diversen Modulen. Allerdings müssen wir den Code etwas modifizieren und vor allem zuerst identifizieren, welche Teile des Codes die meiste Rechenzeit benötigen.

Dann müssen wir cython installieren. Dies können wir mit py.exe -m pip install cython bzw. pip3 install cython unter OSX / Linux erreichen.

Danach können wir das entsprechende C-Modul schreiben und unter sum_all.pyx speichern:

```
cpdef long sum_all(long n):
    cdef long sum = 0
    cdef long i
    for i in range(1, n + 1):
        sum += i
    return sum
```

Aus dem def wurde ein cpdef, was so viel bedeutet wie eine Funktion, die von C und von Python aus aufgerufen werden kann. Außerdem haben wir mit long sum_all(...) den Rückgabewert der Funktion typisiert. Genau das gleiche macht long n für den Funktionsparameter. Die sogenannte dynamische Typisierung von Python ist bei der Ausführung ein echter Zeitfresser, denn der Interpreter ist ständig gezwungen, den Typ zu Vergleichen bzw. zu Ermitteln um was für einen Typ es sich im Moment handelt. Was uns Entwicklern also ein wenig lästige Tipparbeit erspart, verursacht einen sehr hohen Aufwand bei der Ausführung und bremst ein Programm ungemein aus!

Mit cdef long sum = 0 initialisieren wir die Variable sum mit 0 und legen fest, dass sie nur von C aus ansprechbar ist. Da die Funktion einen Rückgabewert hat, der ohnehin zurückgeliefert wird, muss die Funktionsvariable sum nicht von Python aus erreichbar sein. In diesem Fall wäre dies ohnehin nicht der Fall, da eine Funktionsvariable nicht von anderen Teilen des Programms ansprechbar ist, aber je genauer wir hier arbeiten, umso performanter läuft der Code später. Gleiches erreichen wir mit der Schleifenvariable i die wir auch vorab initialisieren, allerdings ohne ihr einen Wert zuzuweisen.

Damit haben wir die Typen für alle Variablen fest definiert. Hierbei sollte man allerdings beachten, dass damit auch einige Probleme einhergehen. Wenn man den Wertebereich eines Datentyps verlässt, kommt es zu einem Speicherüberlauf und damit zu falschen Ergebnissen und sollte man immer den größtmöglichen Datentyp verwenden, riskiert man übermäßig viel Speicher zu verschwenden! Man ist also in dem gleichen "Dilemma" wie ein C Programmierer. Dazu später mehr...

Danach müssen wir eine setup.py erstellen:

```python
from distutils.core import setup
from Cython.Build import cythonize


setup(ext_modules = cythonize("sum_all.pyx"))
```

... und das Cython-Modul kompilieren:

```
mark@debian ~$ python3 setup.py build_ext --inplace
Compiling sum_all.pyx because it changed.
[1/1] Cythonizing sum_all.pyx
/home/mark/.local/lib/python3.6/site-packages/Cython/Compiler/Main.py:369:
FutureWarning: Cython directive 'language_level' not set, using 2 for now
(Py2). This will change in a later release! File: /home/mark/sum_all.pyx
  tree = Parsing.p_module(s, pxd, full_module_name)
running build_ext
building 'sum_all' extension
x86_64-linux-gnu-gcc -pthread -DNDEBUG -g -fwrapv -O2 -Wall -g -fstack-protec-
tor-strong -Wformat -Werror=format-security -Wdate-time -D_FORTIFY_SOURCE=2
-fPIC -I/usr/include/python3.6m -c sum_all.c -o build/temp.linux-x86_64-3.6/
sum_all.o
x86_64-linux-gnu-gcc -pthread -shared -Wl,-O1 -Wl,-Bsymbolic-functions -Wl,-
Bsymbolic-functions -Wl,-z,relro -Wl,-Bsymbolic-functions -Wl,-z,relro -g
-fstack-protector-strong -Wformat -Werror=format-security -Wdate-time -D_FOR-
TIFY_SOURCE=2 build/temp.linux-x86_64-3.6/sum_all.o -o /home/mark/sum_all.
cpython-36m-x86_64-linux-gnu.so
```

Hierbei wird die Datei sum_all.cpython-36m-x86_64-linux-gnu.so erstellt. Sobald dies erfolgt ist, können wir das neue Modul verwenden:

```
#!/usr/bin/python
import sum_all, time

def sum_all_py(n):
    sum = 0
    for i in range(1, n + 1):
        sum += i
    return sum

max_nr = 1000000009

ts = time.time()
print(sum_all.sum_all(max_nr))
te = time.time()
print(str(te - ts) + " sec. with Cython")

ts = time.time()
print(sum_all_py(max_nr))
te = time.time()
print(str(te - ts) + " sec. with Python")
```

Zuerst wurde das neu erstelle Modul mit import sum_all importiert.

Um einen direkten Vergleich zu haben, haben wir die Funktion sum_all() nochmals in Python als sum_all_py() implementiert. Danach haben wir jeweils die Startzeit (ts) genommen, die Funktion aus dem Modul bzw. direkt aus dem Python-Code aufgerufen sowie das Ergebnis ausgegeben, die Endzeit (te) festgehalten und eine Meldung mit der Ausführungszeit der jeweiligen Methode ausgegeben:

```
mark@debian ~$ python3 use_cmodule.py
500000009500000045
0.2665343475341797 sec. with Cython
500000009500000045
40.451572938919070 sec. with Python
```

... und das Ergebnis kann sich sehenlassen - die 0,27 Sekunden sind im Vergleich zu PyPy mit 0,84 Sekunden nochmals ca. dreimal so schnell!

Das Problem bei der statischen Typisierung

Um zu zeigen, was passiert, wenn wir den Wertebereich eines Datentyps überschreiten, habe ich das Cython-Modul wie folgt angepasst:

```
cpdef char sum_all(long n):
    cdef char sum = 0
    cdef long i
    for i in range(1, n + 1):
        sum += i
    return sum
```

... wir haben also anstatt des Datentyps long den Datentyp char verwendet. Übersetzen wir das Modul und lassen das Programm nun erneut laufen, erhalten wir folgende Ausgabe:

```
mark@debian ~$ python3 use_cmodule.py
45
0.2448270320892334 sec. with Cython
500000009500000045
39.131327867507935 sec. with Python
```

Ok, hier springt uns der Fehler direkt ins Auge, denn beim Summieren von so vielen großen positiven Zahlen kann das Ergebnis unmöglich 45 sein! Aber oftmals sind derartige Fehler nicht so einfach zu erkennen! Wer also die Komfortzone von Python verlässt, muss sich dann auch mit derartigen Problemen beschäftigen. Aber sehen wir uns das Beispiel einfach einmal näher an, was genau passiert:

Wir haben die Variable sum und den Rückgabewert der Funktion als char anstatt long definiert. Dieser Datentyp ist nur 1 Byte bzw. 8 Bit lang und kann daher nur die Werte von -128 bis 127 darstellen. Dazu sollen wir uns ansehen, wie die Werte binär gespeichert werden:

Wert	-128	64	32	16	8	4	2	1
1	0	0	0	0	0	0	0	1
12	0	0	0	0	1	1	0	0
127	0	1	1	1	1	1	1	1
-128	1	0	0	0	0	0	0	0
-127	1	0	0	0	0	0	0	1

Die Binärzahl 0b10000001 entspricht also 1 x -128 + 1 x 1 also der Zahl -127 und die Binärzahl 0b00001100 entspricht 1 x 8 + 1 x 4 also der Zahl 12. Daher ist die größte positive Binärzahl 0b01111111 also 1 x 64 + 1 x 32 + 1 x 16 + 1 x 8 + 1 x 4 + 1 x 2 + 1 x 1!

In so einem Fall spricht man auch von einem signed Datentyp - also einem Datentyp, der sowohl positive als auch negative Zahlen darstellen kann. Würde man nun die Zahl 128 binär darstellen wollen, dann wäre das 0b10000000. Bei einem unsigned char, also einem 8 Bit Wert der nur positive Zahlen darstellen kann, wäre die vorderste Stelle 128 und das würde klappen. Aber spätestens bei 0b100000000 also der Zahl 256 würden die 8 bit auch nicht mehr reichen und es würde ein 9. Bit an Speicher benötigt werden.

Sie sehen also, es ist essenziell wichtig, wie ein Bitmuster im Speicher zu interpretieren ist, um das nochmals zu verdeutlichen hier ein kleines Beispiel wie ein und dasselbe Bitmuster unterschiedliche Ergebnisse liefert je nach dem, wie man es interpretiert:

```
>>> bin = "10100111"
>>> int(bin, 2)
167
>>> if bin[0:1] == "1": -128 + int(bin[1:], 2)
-89
>>> chr(int(bin, 2))
"§"
```

Sie sehen also je nach dem, ob wir 0b10100111 als positive 8bit Ganzzahl oder vorzeichenbehaftete 8bit Ganzzahl oder als Buchstaben interpretieren, kommt etwas ganz anderes dabei raus. Python nimmt uns Entwicklern diese Arbeit ab und kümmert sich darum, immer zu wissen, welche Variable gerade welchen Datentyp hat und übernimmt in einigen eindeutigen Fällen sogar die Typenkonvertierung für uns. Sobald wir von dieser dynamischen Typisierung zur statischen Typisierung wechseln und selber festlegen, welcher Datentyp für welche Variable gelten soll und welcher Datentyp von einer Funktion zurückgegeben wird, obliegt es auch uns als Entwickler sicherzustellen, dass die Daten richtig interpretiert werden und die Datentypen ausreichend groß ist, um die zu erwartenden Daten aufzunehmen.

Vor allem die Größe ist ein wirkliches Problem, denn auch hier nimmt und Python die Speicherverwaltung ab:

```
>>> a = 1
>>> type(a)
<class "int">
```

```
>>> a.__sizeof__()
28
>>> a = 999999999999999 * 88888888888888
>>> type(a)
<class "int">
>>> a.__sizeof__()
40
>>> a = "bla"
>>> type(a)
<class "str">
>>> a.__sizeof__()
52
>>> a = "Lorem ipsum dolor sit amet, consetetur sadipscing elitr, sed diam no-
numy eirmod tempor invidunt ut labore et dolore magna aliquyam erat, sed diam
voluptua."
>>> type(a)
<class "str">
>>> a.__sizeof__()
204
```

Python kümmert sich also darum, den Datentyp zu wechseln oder im Hintergrund den Speicherplatz zu vergrößern, um ein überlaufen zu verhindern.

Aber sehen wir uns einmal an, wie C und C++ mit Speichergrößen umgehen und was passiert, wenn die maximal mögliche Größe überschritten wird. Bleiben wir dabei bei dem bereits bekannten Beispiel der 8 Bit langen Ganzzahl. Sobald wir eine größere Zahl als 255 abspeichern wollen, reichen selbst bei einem unsigned char die 8 bit nicht mehr aus. Sehen wir uns dazu die folgenden Zahlen an:

```
  11111111 (1 x 128 + 1 x 64 + 1 x 32 + 1 x 16 + 1 x 8 + 1 x 4 + 1 x 2 + 1 x 1 = 255)
100000000 (1 x 256 + 0 x 128 + 0 x 64 + 0 x 32 + 0 x 16 + 0 x 8 + 0 x 4 + 0 x 2 + 0 x 1 = 256)
100000001 (1 x 256 + 0 x 128 + 0 x 64 + 0 x 32 + 0 x 16 + 0 x 8 + 0 x 4 + 0 x 2 + 1 x 1 = 257)
```

Sie sehen aber auch, dass wir ab 256 nun 9 statt 8 Bit benötigen, also sehen wir uns ein vereinfachtes Beispiel an, wie dies im RAM-Speicher aussehen könnte:

0x7F171CEFC374								0x7F171CEFC375							
bit1	bit2	bit3	bit4	bit5	bit6	bit7	bit8	bit1	bit2	bit3	bit4	bit5	bit6	bit7	bit8
1	1	1	1	1	1	1	1	0	0	1	1	1	0	1	0

Nehmen wir nun an, dass in der Speicheradresse 0x7F171CEFC374 der Wert 255 bzw. der Binär-wärt 11111111 einer anderen Variable gespeichert sind. In der Speicheradresse 0x7F171CEFC375 legen wir dann die Ganzzahl 58 in einem 8bit Integer ab (00111010). Danach veranlassen wir das Programm zu dieser Zahl 255 die 1 zu addieren und dies würde den Speicher wie folgt verändern:

0x7F171CEFC374								0x7F171CEFC375							
bit1	bit2	bit3	bit4	bit5	bit6	bit7	bit8	bit1	bit2	bit3	bit4	bit5	bit6	bit7	bit8
0	0	0	0	0	0	0	0	0	0	1	1	1	0	1	0

Wie Sie sehen, wäre die 9. Stelle hinaus gewandert und hätte auch die Speicheradresse 0x7F171CEFC375 verändert. Dies wird allerdings dadurch verhindert, dass wir ein Byte bzw. 8 Bit lesen und auch wieder nur 1 Byte bzw. 8 Bit schreiben. Das 9. Bit wird also abgeschnitten.

Würde man nun 2 Byte schreiben, dann wäre in dem Fall auch die nachfolgende Variable verändert worden. Genau solche Dinge können zu scher zu findenden Fehlern führen. Glücklicherweise haben C und C++ Compiler hier einige Schutzmechanismen, die man explizit deaktivieren müsste, um so fehleranfälligen Code übersetzen zu können.

Genau darum erhielten wir auch das falsche Ergebnis, als wir die Variable sum und den Rückgabewert der Funktion auf den Datentyp char gesetzt hatten. Der Wert wurde immer und immer wieder überschritten und Bits wurden abgeschnitten, wodurch der Wert auf eine kleinere Zahl zurücksprang, was zu allen möglichen weiteren Seiteneffekten führen könnte. Es wurde also immer nur ein Teil des Bitmusters der eigentlichen Summe berücksichtigt und damit weiter gerechnet, was das falsche Ergebnis erklärt.

Vergleich zu C

Wenn Cython nun nichts weiter ist als die C-Schreibweise von Python und wir damit Python-Code quasi wie in C schreiben können, dann wollen wir dies auch mal mit C vergleichen.

Dazu habe ich das Programm möglichst ident in C übersetzt:

```c
#include <stdio.h>
#include <time.h>

long sum_all(long n){
    long sum = 0;
    for(long i = 1; i < n+1; i++){
        sum += i;
    }
    return sum;
}

int main() {
    clock_t start_time = clock();

    long max_nr = 1000000009;
    printf("%ld \n", sum_all(max_nr));

    clock_t end_time = clock();
    double secs = (double)(end_time - start_time) / CLOCKS_PER_SEC;
    printf("%lf sec. with a C binary\n", secs);
}
```

Das Ergebnis überrascht:

```
mark@debian ~$ gcc sum.c -o sum
mark@debian ~$ ./sum
500000009500000045
1.859081 sec. with a C binary
```

Das liegt natürlich nicht an C sondern an meinem Unvermögen performanten C-Code zu schreiben, glücklicherweise bietet gcc für diesen Fall automatische Optimierungen an!

Wir sehen aber auch sehr gut, dass bei Cython eine ganze Menge optimiert werden muss, vor allem wenn wir uns die Dateien genauer ansehen:

```
-rwx------  1 mark  mark   8,2K  2 Apr 16:34 sum
-rwx------  1 mark  mark    72K  2 Apr 15:51 sum_all.cpython-...-gnu.so
```

Hier fällt auf, dass das C-Modul fast 10 mal so groß ist und dennoch viel schneller ausgeführt wird.

Dann lassen wir gcc zaubern und kompilieren den Code nochmals mit:

```
mark@debian ~$ gcc -Ofast sum.c -o sum
```

Dann können wir das Programm nochmals ausführen:

```
mark@debian ~$ ./sum
500000009500000045
0.000091 sec. with a C binary
```

Dieses Ergebnis ist im Vergleich zu den 0,26 Sekunden von Cython ungefähr 2.929 mal so schnell.

Meine erste Vermutung war, dass -Ofast erkannt hatte, dass wir eine Schleife zum Berechnen eines Wertes benutzen und diese dann durch das Ergebnis ersetzt hat. Da hier nur mit statischen Werte gerechnet wurde.

Genau das haben mir Cutter und radare2 dann bestätigt. Der Compiler hat also erkannt, dass wir immer das gleiche Ergebnis errechnen und die Berechnung daher vorab ausgeführt und das Ergebnis in das Programm eingebaut. Ohne diese Optimierung des Compilers ist der Code deutlich langsamer als in Cython. Als kleinen Vergleich, was mit C möglich ist, habe ich mich dann entschlossen, die Optimierung von Hand zu machen.

Durch Cutter und radare2 konnte ich die Binärdatei disassemblieren und mir den Assembler-Code der nicht optimierten Datei ansehen und da war darin noch einiges weitere Einsparpotenzial, denn in jedem Schleifendurchlauf werden die Summe und die Zählvariable aus dem Speicher geladen und wieder in den Speicher zurückgeschrieben.

Daher habe ich folgende Funktion in NASM geschrieben:

```
global sum_all

sum_all:
    mov    rcx,      rdi
    mov    rax,      0
countloop:
    add    rax,      rcx
    add    rcx,      -1
    jnz    countloop
    ret
```

und diese dann mit folgendem C-Code

```c
#include <stdio.h>
#include <time.h>

extern long sum_all(long n);

int main() {
    clock_t start_time = clock();

    printf("%ld \n", sum_all(1000000009));

    clock_t end_time = clock();
    double secs = (double)(end_time - start_time) / CLOCKS_PER_SEC;
    printf("%lf sec. with a C binary + NASM\n", secs);
}
```

zusammengelinkt durch die folgenden drei Befehle:

```
mark@debian ~$ nasm -f elf64 -o sum_asm.o sum_asm.s
mark@debian ~$ gcc -Ofast -c sum_asm.c -o sum_asm_main.o
mark@debian ~$ gcc -Ofast -o sum sum_asm_main.o sum_asm.o
```

Das Ergebnis kann dann Cython um Haaresbreite schlagen:

```
mark@debian ~$ ./sum
500000009500000045
0.254388 sec. with a C binary + NASM
```

Auch wenn sich Cython knapp geschlagen geben muss, ist der Aufwand nicht gerade mit einem C-Programm vergleichbar, das auch noch eine in Assembler geschriebene Funktion erhält.

Da ich nicht der versierteste Assembler-Entwickler bin, habe ich an dieser Stelle sicher auch nicht den optimalen und schnellsten Assembler-Code geschrieben, obwohl ich eine weile darüber gebrütet habe, wie ich dies mit den wenigsten Anweisungen hinbekomme und `add rcx, -1` verwendet habe, da dies schneller sein soll als `dec rcx`, wird ein Experte in diesem Bereich sicher noch etwas herauskitzeln können.

Für all diejenigen, die Assembler nicht beherrschen, will ich den Code kurz erklären:

`global sum_all` stellt die Funktion als Export bereit. Das folgende `sum_all:` und `countloop:` sind sogenannte Label, die angesprungen werden können. Beim Übersetzten berechnet NASM die Speicheradressen der Label und setzt diese dann im Code ein.

Mit `mov rcx, rdi` wird der Wert von `rdi` (das Register, in dem der übergebene Wert beim Funktionsaufruf landet) in das Zähler-Register (rcx) geschrieben. Dann wird mit `mov rax, 0` das Akkumulator-Register mit dem Wert 0 initialisiert.

Dann wird `rax` und `rcx` addiert (`add rax, rcx`) und das Ergebnis in `rax` geschrieben. Danach addieren wir `rcx` mit -1, da dies meines Wissens nach performanter ist als der Dectement-Befehl `dec` obwohl wie hier wahrscheinlich in Summe von zehntausendstel Sekunden oder weniger sprechen.

Das `jnz` (jump if mit zero) springt zu der Speicheradresse von `countloop` falls die Zero-Flag nicht gesetzt wurde. Hierzu muss man wissen, dass die CPU einige Flags in einem Register hat und diese werden immer gesetzt, wenn ein bestimmtes Ereignis auftritt. Die Zero-Flag (ZF) wird also dann gesetzt, wenn das Ergebnis einer Berechnung 0 ergibt.

Mit `ret` lassen wir das Programm zu der Zeile nach dem Funktionsaufruf zurückspringen.

Wir initialisieren also einen Counter mit dem maximalen Wert und verringern diesen, bis er 0 erreicht und dann springen wir zurück. Das C-Programm erwartet den Rückgabe-Wert der Funktion in `rax` und darum haben wir auch dieses Register zum Aufsummieren der Werte verwendet.

Damit stimmt die Logik nicht mehr zu 100% mit der aus Python überein, aber wenn wir hochzählen würden, dann brächten wir bei jedem Durchlauf noch eine `cmp` (compare) Anweisung, um zu prüfen, ob die maximale Anzahl der Durchläufe bereits erreicht ist. Damit wären wir dann wieder um einige Sekundenbruchteile langsamer und würden Cython um noch weniger schlagen oder sogar einen Gleichstand erreichen.

HÄUFIGE FEHLER

In diesem Kapitel will ich auf ein paar Fehler eingehen, die ich so immer wieder in Quellcode vorfinde.

Dies sind oft Dinge, die sich auf die Performance auswirken können und das je nach dem, in welchem Kontext sie auftreten, sogar sehr dramatisch.

Schleifen für Berechnungen

Der Code aus dem letzten Kapitel ist ein gutes Beispiel für etwas, das ich immer wieder einmal zu sehen bekomme. Entwickler nutzen Schleifen statt Algorithmen und bauen sich so Ergebnisse stückweise zusammen, anstatt diese gleich zu errechnen.

Welchen Unterschied das macht, wollen wir uns hier ansehen:

```python
import time

def sum_all_algo(n):
    return int(n * (n + 1) / 2)


def sum_all_loop(n):
    sum = 0
    for i in range(1, n+1):
        sum += i
    return sum


max_nr = 100000009

ts = time.time()
print(sum_all_algo(max_nr))
print(f"{time.time() - ts:3.20f} sec. with an algorythm in Python")

ts = time.time()
print(sum_all_loop(max_nr))
print(f"{time.time() - ts:3.20f} sec. with a loop in Python")
```

Lassen wir das Programm laufen, erhalten wir:

```
5000000950000045
 0.00007915496826171875 sec. with an algorithm in Python
5000000950000045
10.84340715408325195312 sec. with a loop in Python
```

Errechnen wir nun, wieviel schneller das ist:

```
>>> 10.84340715408325195312 / 0.00007915496826171875
136989.59638554216
```

Eine Steigerung um ca. das 137.000 fache ist der Grund, warum man auf derartige Schleifenkon-
strukte in der Regel verzichten sollten.

Eigenentwicklung bereits vorgefertigter Funktionen

Oftmals recherchieren Entwickler zu wenig obwohl die Recherche und das Testen einen überwiegenden Teil der Entwicklungsarbeit ausmachen sollten, kommt es immer wieder vor, dass Funktionen selber geschrieben werden, die in einem Modul oder in der Sprache bereits vorhanden wären.

Wie dramatisch dies sein kann, will ich Ihnen anhand eines kleinen Beispiels zeigen:

```python
import time

lst = [i for i in range(5000000)]


start_time = time.time()
no_elements = 0
for element in lst:
    no_elements += 1
time_passed = time.time() - start_time
print(f"counting needed {time_passed:2.20f} sec. to count")


start_time = time.time()
for i in range(10000):
    no_elements = len(lst)
time_passed = time.time() - start_time
print(f"len()    needed {time_passed/100000:2.20f} sec. to count")
```

Hier nehmen wir an, der Entwickler hat nicht genau recherchiert und einfach die len() Funktion mit einer Zählvariable und einer Schleife nachgebaut - das Ergebnis ist erstaunlich:

```
counting needed 0.86706089973449707031 sec. to count
len()    needed 0.00000002802133560181 sec. to count
```

Natürlich sollte diese Funktion jedem Python-Entwickler bekannt sein, aber wie oft haben sie selbst etwas mit 2 oder 3 Zeilen Code gelöst, ohne zu recherchieren, ob es bereits eine fertige Lösung gibt? Ich musste hier sogar den Wert 10.000 mal auslesen, damit überhaupt genug Zeit vergeht, um überhaupt ermittelt zu werden.

Sehen wir uns doch kurz an, was das im Objekt von Typ `list` steckt:

```
>>> dir(lst)
['__add__', '__class__', '__contains__', '__delattr__', '__delitem__', '__
dir__', '__doc__', '__eq__', '__format__', '__ge__', '__getattribute__',
'__getitem__', '__gt__', '__hash__', '__iadd__', '__imul__', '__init__', '__
init_subclass__', '__iter__', '__le__', '__len__', '__lt__', '__mul__', '__
ne__', '__new__', '__reduce__', '__reduce_ex__', '__repr__', '__reversed__',
'__rmul__', '__setattr__', '__setitem__', '__sizeof__', '__str__', '__sub-
classhook__', 'append', 'clear', 'copy', 'count', 'extend', 'index', 'insert',
'pop', 'remove', 'reverse', 'sort']
```

Es gibt also die Methode __len__() die ihrerseits bestimmt auf eine Eigenschaft zurückgreift und die Anzahl der Elemente gar nicht ermitteln muss, denn diese sollte bereits im Objekt selber stecken. Also führen wir diese Methode testweise aus:

```
>>> lst.__len__()
5000000
```

Genau das wird auch die Funktion `len()` machen und daher ist diese so schnell.

Wir sprechen hierbei davon, dass wir in diesem Fall Code schreiben, der 309.428.826.682 mal so lange braucht, um ausgeführt zu werden.

Unnötige Vergleiche

In Python werden diverse Werte in Variablen als `True` bzw. `False` angesehen. Daher ist es nicht unbedingt nötig, einen Rückgabewert zu vergleichen. Vor allem weil ein Vergleich zusätzlich Zeit benötigt.

Dazu sehen wir uns folgendes Beispiel an:

```
import time
```

```
start_time = time.time()
result = 0
for i in range(100000):
    if result != True:
        pass
time_passed = time.time() - start_time
print(f"if result != True took {time_passed:2.20f} sec.")
```

```
start_time = time.time()
result = 0
for i in range(100000):
    if not result:
        pass
time_passed = time.time() - start_time
print(f"if not result took    {time_passed:2.20f} sec.")
```

Hierbei erhalten wir folgende Werte:

```
With comparing to True it took    0.01105911827087402344 sec.
Without comparing to True it took 0.00800650024414062500 sec.
```

Das Weglassen des Vergleiches ergibt ca. 38% Zeitersparnis. Natürlich sind die extrem kurzen Zeiten, die benötigt werden, nur in einer erheblichen Menge entscheidend, aber man sollte auch bedenken, dass je nach Art des Programms sehr viele Verarbeitungsschritte geprüft werden müssen. So habe ich bei Tools, die binäre Daten durchsuchen, auch damit schon ein paar Prozent an Geschwindigkeit herausholen können.

Daher wollen wir uns kurz ein paar Beispiele ansehen, welche Werte zu True und False konvertiert werden:

```
>>> bool(-1)
True
>>> bool(1)
True
>>> bool("aaa")
True
>>> bool([1,2,3])
True

>>> bool(0)
False
>>> bool("")
False
>>> bool(None)
False
>>> bool([])
False
```

Die Ziffer 0 wird zu False und alle positiven und negativen Zahlen werden zu True. Außerdem werden leere Listen, Leerstrings und None zu False. Alle Strings und Datenstrukturen, die Daten enthalten, werden zu True.

Unnötige temporäre Datenstrukturen im Speicher

Werden einer Funktion in Python Datenstrukturen übergeben, dann erfolgt dies automatisch als Referenz, um das unnötige Kopieren von großen Datenmengen im Speicher zu vermeiden.

Eine Funktion, die öfters in der Praxis vergessen wird, sind sogenannte Generatoren, daher wollen wir die oftmals genutzte temporäre List mit einem Generator vergleichen:

```python
import time, random, resource

first_names =   ("Bob","Sam","Tom","Mike","Mark","Ivan","Jack","Frank")
last_names =    ("Berger","Right","Yu","Lo","Black","Peron","Mori","Latu")
nationalities = ("AT","DE","FR","PL","HU","UK","ES","CN")


# Temp. list
def create_list(num_persons):
    persons = []
    for i in range(num_persons):
        entry = (random.choice(first_names), random.choice(last_names),
random.choice(nationalities))
        persons.append(entry)
    return persons


start_time = time.time()
ram_usage = resource.getrusage(resource.RUSAGE_SELF)[2]/1024
print(f"{ram_usage} MB used before list creation")
persons = create_list(1000000)
ctr = 0
for person in persons:
    ctr += 1
time_passed = time.time() - start_time
print(f"Generation and processing took {time_passed} sec. with a list")
ram_usage = resource.getrusage(resource.RUSAGE_SELF)[2]/1024
print(f"{ram_usage} MB used after list creation \n")
```

```
# Generator
def generate_list(num_persons):
    for i in range(num_persons):
        entry = (random.choice(first_names), random.choice(last_names),
random.choice(nationalities))
        yield(entry)


start_time = time.time()
ram_usage = resource.getrusage(resource.RUSAGE_SELF)[2]/1024
print(f"{ram_usage} MB used before list generation")
ctr = 0
for person in generate_list(1000000):
    ctr += 1
time_passed = time.time() - start_time
print(f"Generation and processing took {time_passed} sec. with a generator")
ram_usage = resource.getrusage(resource.RUSAGE_SELF)[2]/1024
print(f"{ram_usage} MB after before list generation")
```

Wir sehen also das dies nicht nur RAM-Speicher, sondern auch Zeit spart:

```
7.703125 MB used before list creation
Generation and processing took 3.578665256500244 sec. with a list
90.01953125 MB used after list creation

7.73046875 MB used before list generation
Generation and processing took 3.0827224254608154 sec. with a generator
7.7421875 MB after before list generation
```

Das ist relativ klar, denn zuerst muss die Liste komplett generiert werden und dazu wird diese nicht nur angelegt, sondern auch mehrfach im Speicher verschoben und dann muss diese in einem zweiten Schritt abgearbeitet werden.

Beim Generator hingegen wird jeweils nur ein Wert generiert und zurückgegeben, als wäre es ein Listenelement. So können die Werte durchlaufen werden, ohne die Liste im Speicher anzulegen. Das senkt den Speicherverbrauch und spart Zeit.

EXKURS - NUMPY SINNVOLL EINSETZEN

Eigentlich steht Numpy hier nur stellvertretend für viele weitere Module, die immer wieder in Foren und Tutorials als Allheilmittel für Performanceprobleme angepriesen werden.

Natürlich sind viele Module stark optimiert und es ist auch nicht unüblich, dass diese performanter arbeiten als mancher selbst geschriebener Code, aber wie alles andere sind Module nur Werkzeuge, Werkzeuge, die zu einem bestimmten Zweck entwickelt und die darauf optimiert wurden.

Daher sind diese sehr performant und sparen dem Entwickler meist auch Arbeit, wenn man sie für den richtigen Zweck einsetzt. Der falsche Einsatz kann aber das genaue Gegenteil bewirken! Sehen wir und dazu ein Beispiel an.

Zuerst habe ich mit folgendem Code einen Testdatensatz generiert:

```python
import time, random

with open("test.csv", "w") as f:
    for i in range(1000):
        integer = random.randrange(1, 10000)
        floatingp = random.randrange(100, 200) / 10
        char = random.choice([0, 20, 10])
        f.write(f"{integer},{floatingp},{char}\n");
```

Dann können wir diese Daten wie folgt verarbeiten:

```python
import time
import numpy as np

filename = "data.csv"

data = []
with open(filename, "r") as f:
    for row in f:
        row = row.split(",")
        data.append([int(row[0]), float(row[1]), int(row[2])])

start_time = time.time()
total = 0
```

```
for row in data:
    total += (row[0] * row[1]) * (1 + row[2] / 100)
time_passed = time.time() - start_time
print(f"Calculation with Python list took {time_passed} sec. ({total})")


data = np.loadtxt(filename, delimiter=',', dtype=np.float32)

start_time = time.time()
total = 0
for row in data:
    total += (row[0] * row[1]) * (1 + row[2] / 100)
time_passed = time.time() - start_time
print(f"Calculation with np.float32  took {time_passed} sec. ({total})")


data = np.loadtxt(filename, delimiter=',', dtype=np.float64)

start_time = time.time()
total = 0
for row in data:
    total += (row[0] * row[1]) * (1 + row[2] / 100)
time_passed = time.time() - start_time
print(f"Calculation with np.float64  took {time_passed} sec. ({total})")
```

Dieser Code liefert folgende Zeiten:

```
Calculation with Python list took   3.96170115470886 sec. (822151169096.5212)
Calculation with np.float32  took 116.38777089118958 sec. (822151169111.5137)
Calculation with np.float64  took  18.48285126686101 sec. (822151169096.5212)
```

Zuerst fällt auf, dass eine normale Python-Liste im Vergleich zu den Numpy-Arrays performanter ist. Vor allem die Verwendung von np.float32 liefert eine extrem gesteigerte Ausführungszeit.

Damit wird schnell klar, dass auch hier der Datentyp eine sehr wichtige Rolle spielt.

Außerdem wird Ihnen wahrscheinlich aufgefallen sein, dass wir bei np.float32 ein anderes Ergebnis erhalten. Dies ist der geringeren Präzision von 32bit Fließkommazahlen geschuldet und durch die große Anzahl der Testdatensätze summiert sich der Darstellungsfehler auf.

Ich sollte dazu kurz erklären, wie Fließkommazahlen am Rechner dargestellt werden und zwar in Form von Brüchen im Binärsystem in Kombination mit der wissenschaftlichen Schreibweise:

```
>>> a = 1.5
>>> print(f"{a:2.20f}")
1.50000000000000000000
```

Damit ist 1.5 als $1 + \frac{1}{2} * 10^0$ darstellbar.

```
>>> a = 1.2
>>> print(f"{a:2.20f}")
1.19999999999999995559
```

Aber ist 1.2 ergibt $1 + \frac{1}{8} + \frac{1}{16} + \frac{1}{128} + \frac{1}{256} + \frac{1}{2048} + \frac{1}{32768}$ etc. $* 10^0$ und daher gibt es hierbei nur eine Näherung an den Wert. Wäre die Auflösung unendlich groß, dann könnte eventuell der Wert genau erreicht werden oder zumindest wäre der mögliche Fehler unendlich klein.

Wir haben aber nur 32 oder 64bit zur Verfügung, um darin die Brüche sowie den Exponenten unterzubringen. Damit sind sehr viele Kommazahlen gar nicht darstellbar und wir arbeiten mit vielen Näherungswerten. Hier sehen wir nicht nur, wie sich dies auf die Ausführungszeit auswirkt, sondern auch auf das Ergebnis. Bei diesem extremen Beispiel haben wir einen Fehler von ca. 14,9925 im Gesamtergebnis.

Außerdem fällt uns auf, dass die klassische Verarbeitung von Werten in Schleifen mit den Numpy-Arrays 4 bis 29 mal so lange dauert. Also versuchen wir das zu beschleunigen:

```
import time
import numpy as np
from numba import jit

filename = "data.csv"
data2 = np.loadtxt(filename, delimiter=',', dtype=np.float64)

def process_data():
    global data
    total = 0
    for row in data:
        total += (row[0] * row[1]) * (1 + row[2] / 100)
    return total
```

```python
# compile before using
start_time = time.time()
process_data_comp_by_numba = jit(process_data)
time_passed = time.time() - start_time
print(f"Compiling with numba took       {time_passed} sec.")

# run code
start_time = time.time()
total = process_data_comp_by_numba()
time_passed = time.time() - start_time
print(f"Calculation with np.float64 took {time_passed} sec. ({total})")
```

Damit erreichen wir eine deutlich schnellere Ausführung:

```
Compiling with numba took       0.0009994506836 sec.
Calculation with np.float64 took 0.3509261608124 sec. (822151169096.5212)
```

Der Numpy-Code wurde beinahe um das 53-fache beschleunigt und ist nun auch ca. 11x so schnell wie die herkömmliche Liste.

Nachdem wir nun gesehen haben, wofür Numpy nicht geschaffen bzw. optimiert wurde, wollen wir uns auch ein Beispiel ansehen wo Numpy deutlich gesteigerte Performance bringt:

```python
import time
import numpy as np
from numba import jit

data1 = [i for i in range(1, 1000001)]
data2 = [i for i in range(1, 1000001)]

start_time = time.time()
result = []
for i in range(len(data1)):
    result.append(data1[i] + data2[i])
time_passed = time.time() - start_time
print(f"Adding 2 lists in pure Python took {time_passed} sec. ({result[-1]})")

data1 = np.array(data1)
data2 = np.array(data2)
```

```
start_time = time.time()
result = data1 + data2
time_passed = time.time() - start_time
print(f"Adding 2 lists with Numpy took     {time_passed} sec. ({result[-1]})")

start_time = time.time()
jit_add = np.add
result = jit_add(data1, data2)
time_passed = time.time() - start_time
print(f"Adding 2 lists with Numba took     {time_passed} sec. ({result[-1]})")
```

Diese Ergebnisse sprechen eine ganz andere Sprache:

```
Adding 2 lists in pure Python took 0.35203099250793457 sec. (2000000)
Adding 2 lists with Numpy took     0.02097868919372559 sec. (2000000)
Adding 2 lists with Numba took     0.00296974182128906 sec. (2000000)
```

Wie Sie sehen können, ist Numpy deutlich performanter, wenn es um das rechnen mit ganzen Listen bzw. Arrays geht. Natürlich gilt das auch für einzelne Spalten, mit denen man ohne Schleifen arbeiten kann, da Numpy genau dazu entwickelt wurde!

Damit sind wir in diesem Fällen um ca. das 17 fache schneller und wenn wir dies mit Numba kombinieren und den Just In Time (jit) compiler verwenden, können wir dies noch mal um den Faktor 7 steigern.

Numpy ist also durchaus eine schnellere Alternative zu Python-Listen, aber nur dann, wenn man auch die Arbeitsweise benötigt, für die Numpy optimiert ist. In Verbindung mit Numba sind dann auch in suboptimalen Fällen noch deutliche Steigerungen möglich. Man sollte aber dennoch immer im Hinterkopf behalten, dass alle Module nur Werkzeuge sind und keine Wundermittel und nicht immer gibt es einen Retter wie Numba der auch bei einem einen suboptimalen Einsatz noch eine Performancesteigerung ermöglicht!

SCHLUSSWORT

Natürlich gibt es viele weitere Möglichkeiten Speichernutzung und die Ausführungszeit zu opti-mieren. Mir war es allerdings wichtig, Ihnen ein paar Werkzeuge an die Hand zu geben, mit deren Hilfe man Programme ohne besonders großen Aufwand optimieren kann.

Eine erste Analyse ist zwar mit Profilern relativ einfach, aber einige Dinge wie zB unnötige Generie-rung von Variablen innerhalb einer Schleife oder besser geeignete Datenstrukturen werden nicht direkt aufgezeigt. Man muss also in vielen Fällen auch zwischen den Zeilen lesen.

Daher wollte ich mit diesen Beispielen zeigen, wie stark sich Datentypen und die dahinter ste-henden Konzepte auf die Laufzeit auswirken können und auch die Funktionsweise, den Aufbau und die Vor- und Nachteile diverser Datenstrukturen erklären, damit wir besser Verstehen, wo und wann sich bestimmte Eigenschaften positiv oder negativ auswirken.

Denn nirgendwo anders gilt die 80/20 Regel so wie hier. Denn 80% der Optimierung sind mit maximal 20% des Aufwandes und oftmals sogar deutlich weniger schaffbar. Die letzten 20% muss man sich aber mit mindestens 80% des Aufwandes hart erkämpfen!

Nicht immer sind dies 20% gewünscht oder zwingend nötig und mit den hier gelernten werden Sie schnell und einfach größere und kleinere Performancefresser entlarven und diese mit gerin-gem Aufwand beheben.

Python muss also gar nicht so schrecklich langsam sein, vor allem wenn man etwas auf die opti-malen Datenstrukturen und die Verwendung der richtigen Module achtet! Dennoch wird Python im Normalfall auch niemals die Geschwindigkeit von Sprachen wie C oder C++ erreichen. Dafür ist die Entwicklung mit Python meist deutlich schneller und einfacher.

Aber nicht jedes Problem bedarf der performantesten Sprache für eine Lösung. Denken Sie zB an die Suchen nach den heißen und kalten Bits. Wir brauchen nicht die ganzen 16GB zu analysieren, denn 14GB davon sind zB nicht belegt und daher tragen diese rein gar nichts zur Lösung bei. Ana-lysieren wir nun einige tausend oder zehntausend Proben der verbleibenden 2GB dann haben wir ein repräsentatives Ergebnis nach einigen wenigen MB an Daten und das in ausreichender Geschwindigkeit.

Andere Programme sind von diversen externen Faktoren limitiert wie zB der Geschwindigkeit vom Internet, durch das die Daten geladen werden oder der Antwortzeit des Servers, der die API zur Verfügung stellt. Hier kann die Verarbeitung noch so performant sein - der Flaschenhals ist nicht Python!

Wir müssen also bei der Optimierung immer das Gesamtbild im Auge behalten, denn allzu schnell verrennt man sich in den Details und übersieht dann einen völlig anderen Flaschenhals und dann artet die Optimierung zum "Kampf gegen Windmühlen" aus.

Außerdem sollte man, wie bereits erwähnt, offenbleiben für einen völlig anderen Ansatz und den Code mit den aktuellen Daten neu bewerten. Anforderungen ändern sich und Testdaten sind nicht immer so repräsentativ, wie man es als Entwickler gern hätte. Daher ist nicht selten der eigentliche Flaschenhals der Lösungsweg, der im Code gewählt wurde.

In diesem Sinne wünsche ich Ihnen viel Spaß bei der Optimierung ihrer Projekte!

Ihr

Mark B.

BUCHEMPFEHLUNGEN

19,90 EUR

ISBN: 978-3748165811
Verlag: BOD

Python ist eine leicht zu erlernende und dennoch eine sehr vielfältige und mächtige Programmiersprache. Lernen Sie mit der bevorzugten Sprache vieler Hacker, Ihre eigenen Tools zu schreiben und diese unter Kali-Linux einzusetzen, um zu sehen, wie Hacker Systeme angreifen und Schwachstellen ausnutzen. Durch das Entwickeln Ihrer eigenen Tools erhalten Sie ein deutlich tief greifenderes Verständnis, wie und warum Angriffe funktionieren.

Nach einer kurzen Einführung in die Programmierung mit Python lernen Sie anhand vieler praktischer Beispiele, die unterschiedlichsten Hacking-Tools zu schreiben. Sie werden selbst schnell feststellen, wie erschreckend einfach das ist.

Durch Einbindung vorhandener Werkzeuge wie Metasploit und Nmap werden Skripte nochmals effizienter und kürzer.

29,90 EUR

ISBN: 978-3751969925
Verlag: BOD

In diesem Buch versuche ich dem Leser zu vermitteln, wie leicht es mittlerweile ist, Sicherheitslücken mit diversen Tools auszunutzen. Daher sollte meiner Meinung nach jeder, der ein Netzwerk oder eine Webseite betreibt, ansatzweise wissen, wie diverse Hackertools arbeiten, um zu verstehen, wie man sich dagegen schützen kann. Selbst vor kleinen Heimnetzwerken machen viele Hacker nicht halt.

Wenngleich das Thema ein sehr technisches ist, werde ich dennoch versuchen, die Konzepte so allgemein verständlich wie möglich erklären. Ein Informatikstudium ist also keinesfalls notwendig, um diesem Buch zu folgen. Dennoch will ich nicht nur die Bedienung diverser Tools erklären, sondern auch deren Funktionsweise so weit erklären, dass Ihnen klar wird, wie das Tool arbeitet und warum ein bestimmter Angriff funktioniert.

14,90 EUR

ISBN: 978-3751960120
Verlag: BOD

Assembler, die Maschinensprache, gilt als eine sehr schwer zu erlernende Programmiersprache. Ich will Ihnen mit diesem Buch zeigen, dass Assembler gar nicht so schwer ist. Assembler ist anders und funktioniert nicht wie moderne Hochsprachen, aber wenn Sie erst einmal verstanden haben, wie man damit arbeitet, verliert Assembler den Schrecken.

In diesem Buch erwartet Sie ein praktischer Einstieg in die Programmierung mit Assembler. Ohne uns langwierig durch die theoretischen Grundlagen zu quälen, legen wir gleich los und sehen uns anhand von praktischen Beispielen an, wie Assembler und die Maschinenbefehle arbeiten. Dabei beleuchten wir die Stolpersteine und Herausforderungen bei dieser Art der Programmierung. Dazu nutzen wir moderne 64-Bit Intel-Architektur unter Linux.

5,99 EUR

ISBN: 978-1701081925
Verlag: KDP

YAML ist eine erprobte Sprache zur Datenserialisierung, die seit 2001 auf dem Markt ist. Außerdem gibt es Parser für so ziemlich alle gängigen Programmiersprachen. Darüber hinaus ist der Overhead deutlich geringer als bei XML und vor allem die vordefinierten Tags machen YAML etwas flexibler, da man den Datentyp entsprechend mit den Daten definiert werden kann, was nachträgliches Testen und Umwandeln der geparsten Daten überflüssig macht. Darum eignet sich YAML in einigen Fällen besser als XML oder JSON. Außerdem wird YAML von vielen Programmen zur Datenspeicherung oder für Konfigurationsdateien verwendet. Dennoch ich YAML sehr einfach zu lernen und zu beherrschen. Wir laden Sie herzlich dazu ein, sich diese interessante Sprache anzusehen und zu lernen, wie man in Python und PHP mit YAML-Daten umgehen kann...